ÉTUDES
D'ÉCONOMIE ET DE LÉGISLATION
RURALES

PAR

RENÉ WORMS

AUDITEUR DE 1ʳᵉ CLASSE AU CONSEIL D'ÉTAT
AGRÉGÉ DES FACULTÉS DE DROIT (SCIENCES ÉCONOMIQUES)
CORRESPONDANT DE LA SOCIÉTÉ NATIONALE D'AGRICULTURE DE FRANCE
DIRECTEUR DE LA REVUE INTERNATIONALE DE SOCIOLOGIE

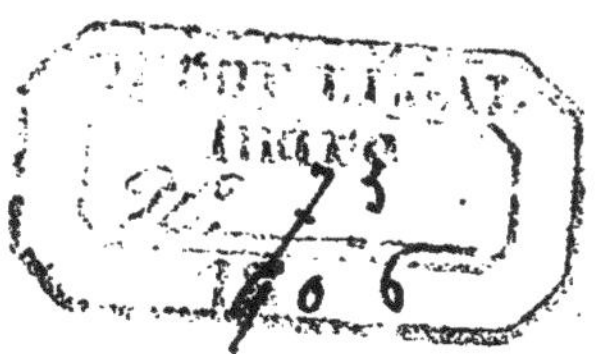

PARIS, Vᵉ
V. GIARD & E. BRIÈRE
Libraires-Éditeurs
16, RUE SOUFFLOT ET 12, RUE TOULLIER

—

1906

Petite Encyclopédie Sociale, Économique et Financière

I. — **Leçons d'économie politique**, par André LIESSE, avec une préface de COURCELLE-SENEUIL, de l'Institut. — Un volume in-18, 1899. 3 fr.

II. — **La réforme des frais de justice**, par E. MANUEL et R. LOUIS, docteurs en droit — Deuxième édition. Un vol. in-18, 1898. 3 fr.

III-V. — **Code-manuel de droit industriel**, avec l'exposé des législations étrangères, par M. DUFOURMANTELLE, docteur en droit. — 3 vol. in 18 :

III. — **Législation ouvrière** en France et à l'Etranger, 2° édition. — Un volume in-18, 1893. 3 fr.

IV. — **Brevets d'invention**, contrefaçon, etc. — Un vol. in-18, 1893. 3 fr.

V. — **Dessins et marques de fabrique**, nom commercial, concurrence déloyale, etc. — Un vol. in-18, 1894. 3 fr.

VI. — **Code manuel des électeurs et des éligibles**, avec formules, par A. MAUGRAS, avocat publiciat. — Deuxième édition. Un volume in-18, 1898. 2 fr.

VII. — **Législation générale des cultes protestants** en France, en Algérie et dans les colonies, par PENEL-BEAUFIN. — Un vol. in-18, 1891. 3 fr.

VIII. — **Commentaire de la loi du 27 décembre 1892 sur la Conciliation et l'arbitrage facultatifs** en matière de différends collectifs entre patrons, ouvriers ou employés, par A. LELONG. — Un volume in-12, 1894. 1 fr. 50

IX. — **Législation générale du culte israélite** en France, en Algérie et dans les colonies, par PENEL-BEAUFIN. — Un volume in-18, 1894. 3 fr.

X. — **Code manuel du propriétaire-agriculteur**, par Daniel ZOLLA, professeur à l'Ecole nationale d'agriculture de Grignon, 2° éd. — Un vol. in-18, 1901. 3 fr. 50

XI. — **Les questions ouvrières**. Réformes possibles et pratiques, par Léon MILHAUD, docteur en droit. — Un vol. in-18, 1891. Prix. 2 fr. 50

XII. — **Cours de droit professé dans les lycées de jeunes filles de Paris**, par Jeanne CHAUVIN, docteur en droit. — Un vol. in-18, 1894. 4 fr.

XIII. — **Guide théorique et pratique, général et complet des Clercs de notaire et des aspirants au notariat**, par Jean MARTIN, notaire. — Un vol. in 18. 1895. 3 fr.

XIV. — **La question monétaire** considérée dans ses rapports avec la condition sociale des divers pays et avec les crises économiques, par Léon POINSARD. — Un vol. in-18, 1895.

XV, XVIII et XXII. — **Les Budgets français.** Etude analytique et pratique de législation financière, par MM. P. BIDOIRE et A. SIMONIN, 3 volumes :

XV. — *Projet de budget 1895.* Un vol. in-18, 1895. 3 fr.

XVIII. — *Budget de 1895 et Projet de Budget de 1896.* 1 vol in-18, 1896. 3 fr.

XXII. — *Budget de 1896 et Projet de Budget de 1897.* 1 vo. in-18, 1897. 3 fr.

XVI. — **La saisie-arrêt sur les salaires et petits traitements.** Deuxième édition revue et augmentée, par V. EMION. — Un vol. in-18, 1896. 3 fr.

XVII. — **La Question sanitaire** dans ses rapports avec les intérêts et les droits de l'individu et de la société, par le Dr J. PIOGER. — Un vol. in-12, 1895. 3 fr.

XIX. — **Les Banques d'émission**, par G. FRANÇOIS, 1 v. in-18, 1896. 3 fr.

XX. — **La Science et l'art en économie politique**, par René WORMS. — Un vol. in-18, 1896. 2 fr.

XXI. — **Code de l'abordage.** Traité juridique des responsabilités résultant des collisions des navires, par Robert FREMONT. — Un vol. in-18, 1897. 3 fr.

XXIII. — **L'éducation nationale.** Le problème de l'Education moderne et l'Université, par Maurice WOLFF. — Un vol in-18, 1897. 3 fr.

XXIV. — **Mélanges féministes.** Questions de droit et de sociologie, par L. BRIDEL, professeur à la Faculté de droit de Genève. — Un vol. in-18, 1897. 3 fr.

XXV. — **La Justice gratuite et rapide par l'arbitrage amiable**, par A. CHARMOLU, 2° édition. — Un vol. in-18, 1902. 1 fr.

XXVI. — **Petit manuel pratique du Juré d'assises**, par J. PONCET. — Un vol. in-18, 1898. 3 fr.

XXVII. — **Finances communales.** Etude théorique et pratique, par R. ACOLLAS. — Un vol. in-18, 1898. 3 fr.

XXVIII. — **Esquisse d'un tableau raisonné des causes de la production.** de la circulation, de la distribution et de la consommation de la richesse, 1898, par M. TESSONNEAU. — Un vol. in-18, 1898. 2 fr.

XXIX. — **Code manuel du Chasseur.** Etude de droit usuel sur la législation de la Chasse, par G. LECOUFFE, 2° édition, 1 vol. in-18, 1900. 1 fr.

XXX. — **Code manuel du pêcheur.** Commentaire de la législation de la pêche fluviale, par G. LECOUFFE, 2° édition, 1 vol. in-18, 1900. 1 fr.

XXXI. — **Manuel pratique des Sociétés de Commerce et par actions.** Participations, Coopératives, Syndicats professionnels, Sociétés de Secours Mutuels, Associations et Congrégations, par A. LAMBERT, 1 vol in-18, 1902. 1 fr. 50

XXXII. — **Manuel de la propriété industrielle et commerciale**, par A. LAMBERT, 1 vol. in-18, 1903. 3 fr.

Imp. Dovernun. — Besançais.

ÉTUDES

D'ÉCONOMIE ET DE LÉGISLATION

RURALES

OUVRAGES DU MÊME AUTEUR

De la volonté unilatérale considérée comme source d'obligations. Giard et Brière, 204 pages, 1891. Epuisé.

Précis de philosophie, d'après les Leçons de philosophie de M. E. Rabier. Hachette, 410 pages. 1re édition, 1891. 3e édition, 1905.

Eléments de philosophie scientifique et de philosophie morale. Hachette, 120 pages, 1891.

La morale de Spinoza, examen de ses principes et de l'influence qu'elle a exercée dans les temps modernes. Mémoire couronné par l'Institut. Hachette, 334 pages, 1892. Epuisé.

« De natura et methodo sociologiae ». Giard et Brière, 104 pages, 1896.

Organisme et société. Giard et Brière, 410 pages, 1896. Traduit en russe, 1897.

La science et l'art en économie politique. Giard et Brière, 112 pages, 1896.

Philosophie des sciences sociales. Giard et Brière. Tome I : Objet des sciences sociales, 230 pages, 1903. Tome II : Méthode des sciences sociales, 254 pages, 1904. Tome III : Conclusions des sciences sociales (en préparation).

RECUEILS DIRIGÉS PAR LE MÊME AUTEUR

Revue internationale de sociologie. Giard et Brière, Quatorzième année. 1 fascicule mensuel de 80 pages.

Annales de l'Institut international de sociologie. Giard et Brière. Dix volumes parus.

Bibliothèque sociologique internationale. Giard et Brière. Trente-trois volumes parus.

PETITE ENCYCLOPÉDIE SOCIALE, ECONOMIQUE ET FINANCIÈRE

XXXIII

ÉTUDES
D'ÉCONOMIE ET DE LÉGISLATION
RURALES

PAR

RENÉ WORMS

AUDITEUR DE 1ʳᵉ CLASSE AU CONSEIL D'ÉTAT
AGRÉGÉ DES FACULTÉS DE DROIT (SCIENCES ÉCONOMIQUES)
CORRESPONDANT DE LA SOCIÉTÉ NATIONALE D'AGRICULTURE DE FRANCE
DIRECTEUR DE LA REVUE INTERNATIONALE DE SOCIOLOGIE

PARIS, Vᵉ

V. GIARD & E. BRIÈRE

Libraires-Éditeurs

16, RUE SOUFFLOT ET 12, RUE TOULLIER

1906

PRÉFACE

Le caractère de ce livre appelle quelques explications que nous devons donner ici au lecteur. Le titre de l'ouvrage réunit deux matières que l'on trouve d'ordinaire séparément exposées : l'économie rurale et la législation rurale. C'est que ne nous les entendons pas tout à fait dans le sens où on les prend fréquemment. L'économie rurale n'est pas pour nous la technique agronomique, mais une branche de l'économie politique et sociale. L'étude de la législation rurale, d'autre part, ne nous paraît pas pouvoir consister simplement dans un énoncé des lois et dans un commentaire qui en serait fait sous la forme dialectique. Elle doit être surtout, croyons-nous, explicative ; elle a pour but de. montrer à quels besoins la loi répondait et dans quel esprit elle a été conçue. Cette étude ne se doit donc pas faire, comme on pensait jadis, par voie déductive, en descendant du texte de la loi aux applications qu'il comporte, mais plutôt par voie inductive, en montant des faits qui ont rendu nécessaire l'intervention du législateur à la formule générale dans laquelle il a résumé sa pensée. Ou, pour nous expliquer plus complètement, l'étude déductive doit s'appuyer sur une étude inductive, les explications de la loi ne pouvant dériver que de son esprit, dégagé des circonstances qui l'ont fait naître. C'est à cette partie inductive de l'étude législative que nous nous sommes surtout attaché. Il va sans dire qu'elle comporte des considérations tirées de l'histoire et de l'examen des législations étrangères. Et il est évident qu'elle s'appuie surtout sur des recherches économiques, puisque c'est la situation du producteur agricole qui, en appelant l'attention du Parlement, détermine l'orientation du texte qu'il adopte. Voilà établi, ce nous semble, le lien logique de l'économie rurale et de la législation rurale.

Dans les pages qui vont suivre, on trouvera d'abord un tableau d'ensemble des questions qu'embrasse l'économie rurale, tel que nous l'avions dressé pour le cours dont nous avons eu l'honneur d'être chargé pendant cinq ans, de 1897 à 1902, à l'Université de Caen. Puis, on y verra réunies des études se rapportant à un certain nombre de ces

questions, à celles qui nous ont paru avoir le plus
d'importance sociale et législative au cours des
premières années du siècle qui vient de s'ouvrir.
Nous avions consacré à celles-ci des communications devant des sociétés savantes, telles que la
Société nationale d'agriculture de France ou la Société d'économie politique de Paris ; des exposés
faits à des congrès, comme le congrès d'enseignement supérieur ou le congrès pour la protection
internationale des travailleurs tenus en 1900 ; des
études parues dans des périodiques, notamment
dans la *Revue Internationale de Sociologie*. Nous
groupons aujourd'hui ces divers travaux suivant
un ordre aussi logique que le permet la diversité
de leurs origines, en envisageant successivement
dans le monde rural le travail, la propriété, les
associations, la circulation des richesses, et en
parlant enfin d'enseignements et de recherches
scientifiques qui lui sont ou pourraient lui être
consacrés. Par déférence pour les corps si autorisés auxquels la plupart de ces études ont été
d'abord présentées, nous avons cru devoir ne pas les
modifier ici. Il en résulte que certaines d'entre elles,
datant de quelques années, ne donnent pas le dernier état de la question dont elles traitent. Peut-
être leur trouvera-t-on du moins une valeur docu-
mentaire. Enfin, le fait même que ces études

ont d'abord constitué des communications verbales à des compagnies scientifiques, dont les séances sont forcément assez courtes, n'a point permis de leur donner toute l'étendue qui aurait pu parfois sembler souhaitable. Mais notre intention n'était point d'épuiser des questions infiniment complexes et toujours ouvertes. Nous avons cherché, seulement, si le mot n'est pas trop ambitieux, à en dégager la philosophie.

Paris, 17 février 1906.

RENÉ WORMS.

L'ÉCONOMIE RURALE

L'économie rurale et ses principaux problèmes.

Leçon faite à la Faculté de droit
de l'Université de Caen, en février 1900 (1).

Messieurs,

Appelé à professer devant vous, cette année, un cours d'économie politique approfondie en vue du doctorat ès sciences politiques, j'ai cru devoir choisir comme sujet : « les principaux problèmes de l'économie rurale ». Il peut être bon de justifier ce choix, et c'est ce que je voudrais faire en cette leçon.

Pour de multiples raisons, les questions rurales méritent l'attention de l'économiste. D'abord, l'agriculture est l'une des sources les plus fécondes de nos richesses sociales. Le premier en

(1) Extrait de la *Revue Internationale de l'Enseignement*, 1900.

date de tous nos besoins, le besoin d'alimentation, c'est elle qui le satisfait. Et, pour beaucoup de ceux qui se greffent sur lui — besoins de vêtement, de luxe, etc... — elle fournit, aux industries qui y répondent, leurs matières premières. Il semble donc qu'elle puisse revendiquer la primauté par rapport à toutes les autres formes de l'activité productive. — Ces questions de préséance sont partout malaisées à régler et, en théorie pure, elles peuvent donner matière à d'interminables et stériles débats. Mais, en pratique, elles se tranchent, dans chaque pays, suivant les conditions de la vie nationale. Or que voyons-nous chez nous ? C'est que la nation française est essentiellement agricole. En 1892, d'après la grande enquête décennale publiée par le Ministère de l'Agriculture, dix-sept millions et demi de Français vivaient des professions rurales. Celles-ci laissaient donc loin derrière elles, quant au chiffre des travailleurs employés, les professions industrielles, commerciales, administratives et libérales. Il résulte de là que la catégorie agricole, étant la plus nombreuse, a droit, en notre pays, à une place importante dans les préoccupations de l'homme politique et de l'économiste. Nous sera-t-il permis d'ajouter que cette considération, qui s'applique à la France prise dans son ensemble, est vraie tout particulièrement pour la région dans laquelle nous parlons, pour la Normandie et spécialement pour ce département du Calvados, où l'industrie manufacturière ne progresse que lentement, mais où, en revanche, la culture et surtout l'élevage donnent de si remarquables et si féconds résultats ? — Sa justesse d'ailleurs a été de tout temps reconnue par le législateur. Le souci du bien-être des populations rurales s'est imposé à tout ce que la France a compté, depuis des siècles, d'hommes d'Etat dignes de ce nom. Pour ne parler que de l'époque contemporaine, n'assistons-nous pas, depuis quelques années, à la formation de tout un ensemble de lois s'appliquant spécialement à l'agriculture et visant à favoriser le travailleur des champs : lois de douanes, lois sur le crédit agricole, loi sur les accidents survenus par le fait des machines agricoles, parties nouvelles du code rural, etc...? Et, en dehors de l'œuvre du législateur proprement dit, ne voyons-nous pas les chefs des divers partis politiques — de l'un d'eux surtout — chercher à mettre la main sur le mouvement considérable qui pousse aujourd'hui les exploitants des campagnes, comme les ouvriers des villes, à s'associer en syndicats professionnels ? Ne les voyons-nous pas s'empresser à répandre partout l'enseignement agricole, en y subordonnant peut-être un peu trop, il est vrai, les données techniques à des préoccupations d'un autre ordre ? Ne constatons-nous pas, en somme, qu'il existe autour de nous, dans les sphères politiques les plus diverses, une propension toute particulière vers les questions rurales, qui y apparaissent, à bon droit, comme les questions les plus vitales pour notre pays ?

Cette propension, toutefois, semble être restée jusqu'ici assez étrangère aux sphères proprement économiques. Sur ce point, les hommes de science paraissent quelque peu en retard par rapport aux hommes d'Etat, auxquels ils devraient plutôt montrer la route. Sans doute, au XVIIIe siècle, nos économistes ont fait porter avec prédilection leurs études sur le domaine rural : les physiocrates ont édifié un système d'économie surtout agricole. Mais, depuis lors, d'autres influences se sont fait sentir. L'Angleterre, devenue une nation principalement industrielle et commerçante, orienta ses recherches économiques, avec Adam Smith et ses successeurs, de préférence vers le travail urbain. Son action s'est, à cet égard, exercée sur le continent, et, depuis près d'un siècle, nos économistes, à la suite de leurs confrères anglais, s'intéressent aux problèmes de l'industrie, du commerce, des transports et des finances plus, à ce qu'il semble, qu'aux problèmes agraires. D'importantes exceptions peuvent sans doute être citées. Le livre d'Hippolyte Passy sur *les systèmes de culture*, ceux de Léonce de Lavergne sur *l'économie rurale de la France*, etc..., les recherches d'Henri Baudrillart sur les populations agricoles de notre pays, les divers travaux de M. Emile Levasseur, les ouvrages récemment publiés par les professeurs d'économie rurale de l'Institut agronomique et des écoles nationales d'agriculture (MM. Lecouteux, Daniel Zolla, F. Convert, F. Bernard), quelques écrits dûs à nos collègues des Facultés de droit, montrent un louable souci de ne pas oublier le monde agricole. Mais, nous devons le répéter, ce ne sont là que des faits isolés, et le grand courant de la science économique se porte ailleurs.

Nous le croyons regrettable à plus d'un point de vue. D'abord, il est fâcheux que cette science se prive volontairement d'une des sources d'informations les plus abondantes, néglige des matériaux considérables, qui renouveleraient ses cadres en s'y introduisant. Puis, il est à noter que ce terrain négligé par les économistes de profession, d'autres l'ont envahi, dans des vues qui n'étaient pas toujours les plus désintéressées et les meilleures. Les hommes de science s'occupant trop peu de l'économie rurale, certains publicistes se sont dit qu'il y avait là une assez riche matière à exploiter, et ils en ont fait leur spécialité. Pour se donner du crédit auprès des populations agricoles, ils ne se sont pas appliqués seulement à étudier leurs besoins, à formuler leurs revendications, ce qui eût été absolument légitime, mais ils sont allés jusqu'à exagérer ces besoins et à grossir artificiellement ces revendications, afin d'accroître du même coup leur importance personnelle. Ils n'ont pas, sans doute, inventé les souffrances de l'agriculture, lesquelles sont, ont été surtout bien réelles ; mais ils les ont présentées comme plus cuisantes encore qu'elles ne sont. Ils n'ont pas eu tort de demander que le législateur fît quelque chose en faveur des exploitants des campagnes, mais ils ont été répréhensibles quand ils ont donné à entendre qu'il devait, aux intérêts de ceux-ci, immoler ceux des catégories sociales moins nombreuses. Grâce à leurs inspirations, il s'est formé en France, à l'imitation de ce qui existe en Allemagne, le noyau d'un parti agrarien qui, affectant de croire l'agriculture partout sacrifiée, demande qu'on ne songe plus qu'à elle et qu'on subordonne à son bien-être toute l'organisation politique et économique du pays. Heureusement, ces demandes trouvent assez peu d'écho dans notre patrie. La France, toujours équitable et toujours généreuse, veut tenir la balance égale entre tous ses enfants. Si celle-ci a été parfois quelque peu faussée au détriment de l'agriculture, elle ne demande qu'à la redresser. Mais ce ne serait pas vraiment le faire que de l'incliner avec excès dans le sens inverse. Il n'y a point à favoriser les agriculteurs au détriment des industriels, des commerçants, des ouvriers des villes; il n'y a qu'à se préoccuper. avec une égale sollicitude, des intérêts des uns et des autres. Nul peut-être plus que les économistes n'a les connaissances et l'impartialité nécessaires pour se faire l'interprète des besoins de ces divers groupes, pour les comparer et pour indiquer quel est, à chaque moment, celui d'entre eux dont la satisfaction présente le plus haut degré d'urgence. Voilà pourquoi il serait éminemment désirable que les économistes ne laissassent pas plus longtemps les questions rurales en dehors de leurs études et de leurs préoccupations habituelles.

C'est sous l'empire de cette idée que nous avons personnellement résolu de consacrer aux questions de cet ordre une notable fraction de l'enseignement économique dont nous avons l'honneur d'être chargé. Le décret du 30 avril 1895 a introduit la législation et l'économie rurales parmi les

1.

matières à option qui peuvent faire l'objet d'une interrogation pour le doctorat ès sciences politiques. Un cours spécial sur cette matière n'a pas pu être, jusqu'ici, institué à l'Université de Caen. Mais nous avons pensé qu'il serait possible, néanmoins de la faire pénétrer dans notre Faculté, en attribuant à l'étude de l'économie rurale une grande partie des leçons dont nous disposons pour le cours d'économie politique approfondie. Cette vue ayant rencontré les plus précieuses adhésions, nous l'avons, il y a environ deux ans déjà, mise à exécution. En 1897-98, en 1898-99, nous avons traité de : « la production agricole en France ». Dans la première de ces années, nous avons tracé les grandes lignes du sujet, indiquant les problèmes d'ensemble et donnant les éléments généraux de leur solution. Dans la seconde, nous l'avons repris par le détail, en montrant par des exemples particuliers comment, ici et là, ces problèmes se posent d'une façon concrète : nous avons été amené de la sorte à donner, en une dizaine de leçons, une monographie agricole du département du Calvados. Aujourd'hui nous revenons aux considérations générales : élargissant encore notre premier sujet, nous ne nous limitons plus à l'examen de la production et à l'étude de la France, nous voudrions tenter une synthèse générale et une théorie d'ensemble de l'économie rurale tout entière.

Mais d'abord, qu'est-ce au juste que l'économie rurale ? Quel est l'objet de cette discipline, quelle est sa méthode ? C'est un point sur lequel nous devons dès maintenant nous expliquer, aussi brièvement que possible.

L'économie rurale est, tout ensemble, une science et un art. Elle étudie les faits de la vie agricole, et elle essaie — avec prudence — de dégager les lois de leur accomplissement naturel : voilà le côté « science ». Après quoi elle s'efforce de faire l'application des connaissances ainsi acquises, au perfectionnement de l'état de choses existant : voilà le côté « art ». A quoi sont relatifs ces faits qu'elle réunit ? A la mise en valeur de la nature par l'homme, mais non pas, croyons-nous, à cette mise en valeur tout entière. L'économie rurale n'envisage que les opérations de production immédiate des substances utilisables, leurs transformations ultérieures par l'industrie lui échappant. De plus, elle laisse même de côté, à notre avis, une partie des opérations de production immédiate : tout ce qui est connu sous le nom d'industrie extractive ne relève pas d'elle. Les substances naturelles que l'homme emploie sont tirées des trois règnes : minéral, végétal et animal. L'extraction des produits minéraux (métaux, charbon, pierre à bâtir, etc...) est un travail qui se rapproche beaucoup plutôt, par ses conditions techniques comme par ses conséquences économiques, de l'industrie manufacturière que de l'agriculture. L'économie rurale ne s'occupe donc que de l'utilisation des espèces végétales et animales, soit par les procédés primitifs de la cueillette, de la pêche et de la chasse, soit par les procédés perfectionnés de la culture et de l'élevage. Elle examine, au moyen des méthodes d'observation sociale et notamment au moyen de statistiques et de monographies, comment fonctionnent en fait ces procédés. Elle recherche ensuite comment, en théorie, ils devraient fonctionner, pour assurer aux populations rurales et à l'Etat lui-même la plus grande somme possible d'avantages. Elle est donc une partie intégrante de l'économie politique : elle est l'économie politique elle-même, avec ses principes et ses méthodes ordinaires, mais l'économie politique limitée à l'étude d'une seule catégorie de richesses.

Ce que nous venons de dire suffit à montrer qu'elle ne se confond pas avec l'agronomie. Sans doute leurs matières sont les mêmes, mais leurs buts et leurs procédés diffèrent. L'agronomie se borne à donner des conseils au cultivateur pour l'entretien de son champ ; l'économie rurale s'intéresse évidemment à ces questions, mais elle ne s'y confine pas ; par delà l'individu, elle envisage la collectivité dont il est membre ; au-dessus des intérêts particuliers, elle place les intérêts généraux ; au local et au variable, elle préfère l'étendu et le durable. Entre elle et l'agronomie, il y a la même différence qu'entre la science et la simple expérience, qu'entre l'art véritable et la pure pratique (1). L'agronomie est la technique du travail aux champs ; l'économie rurale en est, si l'on peut ainsi dire, la philosophie.

Faisant partie de l'économie politique, l'économie rurale se prête logiquement aux mêmes divisions que celle-ci. On y retrouve èn effet les quatre phénomènes fondamentaux : la production, la circulation, la distribution et la consommation des richesses. Bien que cet ordre ne soit peut-être pas pratiquement le plus aisé à suivre, il est le plus scientifique, et c'est pourquoi nous l'adopterons dans ce cours. Montrons rapidement de quelles matières nous serons ainsi conduit à parler.

(1) Pour l'explication détaillée de ces termes, nous nous permettons de renvoyer à notre ouvrage : *La science et l'art en économie politique*, Paris, Giard et Brière, 1896.

L'étude de la production comptera trois chapitres. Dans le premier, nous ferons connaître les facteurs de la production rurale. Dans le second, nous les verrons à l'œuvre, agissant l'un sur l'autre. Dans le dernier, nous envisagerons les conséquences de cette action, les résultats de la production. — Les facteurs productifs sont, ici comme partout, la nature, le travail et le capital. La nature comprend le sol et le sous-sol, l'eau et l'air, les forces physiques et les météores, les espèces minérales, végétales et animales. Nous aurons à faire connaître les diverses catégories de sols (calcaire, argile, sable, humus), l'action générale des eaux et celle du climat. Nous verrons que ces agents naturels sont susceptibles de se modifier sous l'action de l'homme, qui amende les terres par les divers engrais, change la répartition des eaux par le drainage et l'irrigation, asservit les forces physiques telles que celles du vent, de la vapeur et de l'électricité, agit sur le climat et crée même des météores nouveaux (nuages artificiels, pluie provoquée). Cela nous mènera à l'étude du second facteur de la production : le travail. Nous décrirons, à titre d'exemples, quelques types de travailleurs agricoles, de la France et de l'étranger. Nous comparerons le labeur rural au labeur industriel dans ses conditions d'exercice, de durée, d'intensité, de division. Nous rechercherons dans quelle mesure il est vrai que la main d'œuvre manque aux champs, et comment on pourrait l'y retenir ou l'y appeler. Restera encore à voir le dernier facteur : le capital. Une de ses branches, le capital foncier, ayant déjà été considérée lors de l'étude de la nature, nous n'aurons plus à examiner que le capital mobilier, que l'outillage du cultivateur : machines, outils, animaux de ferme, semences, engrais, sans oublier le numéraire. Comment s'y applique la division classique des capitaux fixes et des capitaux circulants, comment on peut distinguer le capital d'exploitation et le capital d'amélioration, c'est ce que nous nous efforcerons d'indiquer.

Les différents facteurs de la production étant alors connus, il deviendra possible d'envisager leurs rapports, c'est-à-dire la prise de possession de la nature par l'homme, l'action du travail et du capital sur le sol. Deux questions se posent ici successivement : celle de l'appropriation de la terre, celle de son exploitation. A qui appartient, à qui doit appartenir la propriété foncière ? Est-elle, gagne-t-elle à être collective ou individuelle ? Nous interrogerons à cet égard l'histoire et la situation comparée des différents peuples ; nous verrons avec détail comment, dans notre pays, la

statistique montre la propriété collective se limitant de plus en plus aux bois, aux landes et aux
pâturages ; nous examinerons les efforts tentés,
dans ces dernières années, pour la reconstituer ou
tout au moins pour l'empêcher de se restreindre
davantage. Puis, la propriété prend-elle, a-t-elle
intérêt à prendre la forme de grands domaines,
ou celle de moyennes exploitations, ou celle de
petits héritages ? Il nous faudra d'abord définir
soigneusement ces trois termes, dont la notion
même prête à tant de contestations. Ensuite nous
aurons, cette fois encore, à pousser nos investigations dans le temps et dans l'espace, pour
savoir laquelle de ces formes prédomine ici et là.
Nous pourrons alors discuter les avantages économiques, politiques et sociaux que chacune d'elles
présente. — Le problème de l'appropriation étant
ainsi résolu, le moment viendra d'aborder celui
de l'exploitation. Deux nouvelles questions seront
à élucider : celle de l'exploitant et celle du mode
d'exploitation. La propriété peut être mise en
valeur par son propriétaire lui-même ou par un
régisseur ; elle peut aussi être prise à bail par un
fermier, ou confiée aux soins d'un colon partiaire,
d'un métayer par exemple. La répartition de ces
différents types de tenure, leurs résultats suivant
les temps et les lieux, leur valeur comparative

seront envisagés tour à tour. D'autre part, la propriété peut être mise en culture ou transformée en herbages ; on peut aussi hésiter pour elle entre différents semis ou différents pâturages ; on peut vouloir y faire de la culture intensive ou bien, si les circonstances s'y prêtent mieux, se borner à la culture extensive : sur tous ces points, nous aurons à donner des renseignements, relatifs à la productivité des divers modes d'exploitation et à l'adaptation de chacun d'eux aux conditions si variées du sol et du marché. Nous n'oublierons point, ici comme ailleurs, qu'il n'y a en ces matières aucune solution qui soit bonne d'une façon absolue, que ce qui réussit en un point peut échouer en un autre, que la diversité des circonstances cosmiques, biologiques et sociales entraîne nécessairement avec elle la variation des procédés à employer dans l'œuvre de la production.

Cette œuvre, quels en sont, en définitive, les résultats généraux ? Il nous faut, pour le savoir, étudier les produits, soit végétaux (céréales, légumineuses, plantes industrielles, produits des herbages, des bois, des vignes, des jardins, etc...), soit animaux (animaux de ferme et de basse-cour, produits de la pisciculture, de l'apiculture, de la sériciculture, etc...). Cette étude, elle aussi, doit s'étendre largement dans le temps et l'espace.

Elle doit noter, autant que faire se peut, la quantité des produits, leur qualité, leur prix de vente comparé à leur prix de revient. Les documents statistiques publiés par notre Ministère de l'Agriculture sont ici du plus précieux secours. Leur examen fait ressortir un double fait bien frappant. D'un côté, la quantité des produits agricoles s'accroît constamment et leur qualité s'améliore : c'est là une constatation très précieuse, puisqu'elle montre que l'humanité a à sa disposition une source d'aliments et de richesses grandissante, que le bien-être de toutes les classes sociales, et notamment de la classe la plus nombreuse et la plus pauvre, va par là sans cesse en s'accroissant, qu'enfin il est chimérique de craindre que la production ne puisse suffire aux besoins de la consommation. Mais d'un autre côté, les prix des denrées agricoles vont en baissant : de 1875 à 1895 notamment, ils ont passé par une période de dépression caractérisée ; la rémunération des propriétaires, des exploitants et des travailleurs agricoles s'en est ressentie, et c'est ce qu'on a appelé la crise rurale. Ce malaise mérite qu'on y insiste : la théorie de la circulation va nous en montrer les causes, la théorie de la répartition nous en fera voir les conséquences, et nous serons alors préparés, peut-être, à en découvrir les remèdes.

L'expression de « circulation » peut s'entendre en deux sens différents, qui tous deux sont légitimes. Elle peut s'appliquer au mouvement des produits ; elle peut s'appliquer au mouvement du numéraire ; nous devons l'envisager dans l'une et l'autre acception. La circulation des produits est tout entière dominée par un phénomène saillant : l'élargissement du marché. Depuis l'époque féodale, en effet, les débouchés n'ont cessé de s'étendre. Les produits agricoles, d'abord consommés dans la famille, tout au plus échangés avec les voisins immédiats, ont peu à peu vu leur débit s'accroître, leur marché embrasser la châtellenie, puis la province, puis le royaume et aujourd'hui, les barrières nationales s'abaissant, rayonner presque sur toute la terre. A cette amplification ont contribué la facilité croissante des communications (sécurité plus grande, modes de transport par terre et par eau plus rapides, etc...), l'unification relative des mesures et des monnaies, la diffusion imitative des besoins, le recul des préjugés. Sans doute, il y a bien eu des phénomènes contraires : l'établissement de douanes aux frontières nationales, la création d'octrois aux portes des villes sont des entraves permanentes mises à la circulation des produits. Mais, si gênantes qu'elles soient, elles ne peuvent empêcher

le marché de s'ouvrir chaque jour et de tendre à
« s'universaliser ».

La conséquence en est que les produits des pays
neufs, Russie, Etats-Unis, Amérique et Afrique
du Sud, Australie, viennent inonder l'occident
européen. Placés dans des conditions qui leur
permettent de produire à meilleur compte, ces
pays neufs peuvent céder leurs denrées (blés ou
viandes) à plus bas prix que nos provinces, même
en faisant entrer dans leurs prix de vente les
frais de transport et de douanes ; et c'est cette
concurrence qui va — au moins pour partie —
abaisser d'une façon permanente le taux des denrées agricoles.

Une autre influence vient peut-être s'ajouter
à celle-là, dans le même sens. Nous la trouverons
en étudiant la circulation monétaire et fiduciaire,
Le stock monétaire existant dans le monde s'accroît sans doute, mais beaucoup moins vite que
le stock des produits. En un certain sens, on a
même pu soutenir qu'il se restreint (c'est ce qu'on
a appelé la contraction monétaire) en raison de ce
qu'un nombre croissant de pays a enlevé à l'argent le pouvoir libératoire indéfini. Par conséquent, les moyens de paiement ne sont plus en
proportion avec la quantité grandissante des denrées offertes : il est fatal, par suite, que le prix

de celles-ci s'abaisse. En outre, il est certains Etats, ceux de l'Amérique du Sud par exemple, qui ont une circulation « avariée », par suite de la substitution de la monnaie de papier à la monnaie métallique. Cette situation, qui semblerait devoir leur être éminemment fâcheuse, se trouve, au contraire, leur rendre service sur un point très important : l'état défavorable de leur change restreint leurs importations, mais d'autre part constitue une prime pour leurs exportations et amène l'accroissement de celles-ci. C'est là un phénomène parodoxal, mais certain, que l'économie politique constate et explique. Sa conséquence est d'aggraver encore chez nous la crise, puisqu'il amène par contre-coup la réduction de nos exportations et l'augmentation de nos importations, donc l'abaissement des profits de nos cultivateurs.

Tous ces résultats des phénomènes de circulation apparaissent avec évidence, quand on passe à l'examen de la répartition des richesses dans le monde agricole. Trois catégories de copartageants se distribuent le prix des produits ruraux : ce sont les propriétaires, sous forme de rentes ; les exploitants, sous forme de profits ; les ouvriers, sous forme de salaires. Nous aurons à examiner de près, à l'aide des statistiques et parfois des monographies, ces trois catégories de bénéfices. Nous en constaterons, pour la France, la réduction notable au cours des vingt-cinq dernières années. Nous verrons qu'elle est allée jusqu'à amener des suites d'une grande importance en certaines régions de notre pays : par exemple la vente de leurs domaines par beaucoup de petits propriétaires, la transformation de fermes, soit en métairies, soit en « faire-valoir », l'émigration des ouvriers ruraux vers les villes. Nous remarquerons que, néanmoins, ces phénomènes n'ont pas toute l'inquiétante gravité qu'on leur attribue quelquefois. En effet, cette période de dépression avait été précédée d'une longue période de progression ; le recul récent a été beaucoup moindre que l'ascension antérieure ; si bien que rentes, profits et salaires demeurent encore très supérieurs à ce qu'ils étaient au début du xixe siècle. Il n'en est pas moins vrai que le mal existe : s'il ne faut pas l'exagérer, on ne doit pas non plus l'atténuer ; il convient au contraire de le mesurer exactement pour lutter contre lui avec la plus grande efficacité possible.

Cette lutte doit comprendre, nous dit-on, l'emploi de plusieurs procédés, qu'on préconise simultanément. Le premier, le plus vanté, c'est la protection douanière. Nous reconnaissons bien volontiers qu'elle peut être nécessaire à certains moments, et nous n'en sommes pas, systématiquement et de parti pris, l'adversaire. Mais nous devons dire qu'elle se montre souvent inefficace : si la production nationale est abondante, l'importation n'est pas nécessaire et le droit de douane ne joue pas ; si elle est, au contraire, complètement insuffisante, les pouvoirs publics, pour éviter la famine, se montrent favorables à l'importation et suspendent l'application du tarif douanier. En second lieu, contre la contraction monétaire, on a proposé la reprise de la frappe libre de l'argent. Mais, de l'aveu de tous les gens sensés, c'est une mesure que la France ne peut pas prendre seule ; car elle aurait pour résultat inévitable de faire fuir tout son or à l'étranger. Elle ne peut donc résulter que d'une entente internationale et celle-ci, plus d'une fois tentée dans des congrès, ne paraît pas près d'aboutir. — D'autre part, on a demandé en faveur de l'agriculture divers encouragements venant de l'Etat : notamment une réduction d'impôts, ou des primes à l'exportation et même à la production. Nous verrons, en parlant de la consommation, que la première de ces propositions ne saurait se réclamer, quoi qu'on en ait pu dire, du principe d'égalité fiscale. Quant à la seconde, appliquée aux sucres français, elle a produit des résultats contestables, et sa généralisation ne rencontre plus grande faveur parmi les publicistes. Les seuls encouragements qu'on puisse légitimement réclamer de l'Etat pour l'agriculture, sont ceux qui résultent de l'organisation des concours et des expositions, de la création des musées, laboratoires et stations agronomiques, de la diffusion des connaissances agricoles par l'enseignement public à tous ses degrés, des distinctions honorifiques à accorder à ceux qui se sont particulièrement signalés dans l'exercice des professions rurales. — Les vrais remèdes, nous les trouverions plutôt dans le développement d'institutions libres, dues, non à l'initiative individuelle, qui risquerait ici d'être impuissante, mais à l'association des efforts des citoyens intéressés. C'est à celle-ci, par exemple, que nous demanderions la solution du problème si débattu du crédit agricole. Il faut aux cultivateurs du crédit ; ils peuvent le trouver de diverses manières : en empruntant sur leurs biens-fonds — c'est le crédit foncier — ; en empruntant sur leur capital d'exploitation ou leurs produits — c'est le crédit mobilier, récemment encouragé par la loi sur les warrants agricoles — ; enfin en offrant au prêteur comme sécurité, outre leur honorabilité et leur labeur propres, ceux de voisins qui s'engagent à répondre pour eux — c'est le crédit personnel. Organisé en Allemagne grâce aux banques populaires de Schulze-Delitsch et aux caisses rurales de Raiffeisen, en Italie, grâce aux créations, par exemple, de M. Luigi Luzzatti, il commence à s'implanter en France, où de nombreuses sociétés locales se sont constituées, où des caisses régionales se fondent, où le législateur même vient de favoriser leur œuvre. — Ce n'est. pas le seul point sur lequel l'association se soit révélée féconde dans nos campagnes. Depuis que la loi de 1884 a permis la constitution de syndicats professionnels, les agriculteurs en ont largement usé, et aujourd'hui près de 800.000 d'entre eux ont formé environ 2.500 de ces associations. Constitués d'abord surtout en vue de l'achat en commun des engrais, ces syndicats agricoles ont peu à peu étendu leur action à l'achat en commun des machines, des semences, des animaux reproducteurs, à la vente en commun des produits, voir même à leur transformation industrielle, aux assurances de diverses catégories, à l'assistance, à l'arbitrage, à l'enseignement agricole. Ils se sont groupés en douze unions régionales et il existe à Paris plusicurs associations qui, à - différents points de vue, tâchent de centraliser leurs efforts. — On peut beaucoup attendre, croyons-nous, de ces organisations pour le bien de nos campagnes. Quand elles y auront fait pénétrer davantage encore le principe de solidarité, quand elles y auront su joindre, à la coopération dans l'achat et la vente, la coopération dans le travail proprement dit, elles auront donné à nos agriculteurs l'un des plus puissants instruments de leur progrès. Ce qu'il faut essentiellement à nos paysans, c'est arriver à compenser, par l'accroissement de la quantité et l'amélioration de la qualité de leurs produits, la baisse du prix de vente des unités livrées à la consommation. Ils n'atteindront ce résultat qu'en se mettant au courant des plus récentes méthodes agronomiques et en les appliquant courageusement. Mais le petit et le moyen cultivateur ne peuvent le faire par leurs seules forces. L'association est nécessaire pour leur donner et les lumières et les moyens indispensables. C'est de son développement — en y ajoutant, bien entendu, l'action parallèle que doivent exercer et l'Etat et les individualités éminentes du monde rural — que nous attendons et que nous espérons l'atténuation des effets de la récente crise, l'amélioration de la condition économique et même l'avancement intellectuel et moral des travailleurs agricoles.

Il nous reste à dire un mot de la dernière grande section de l'économie rurale : la théorie de la consommation. Celle-ci doit envisager tour à tour la consommation privée et la consommation publique. Il est intéressant d'apprendre ce que les propriétaires font de leurs rentes, s'ils les dépensent sur place, les consacrant en partie tout au moins à des améliorations foncières ou à des œuvres d'intérêt local, ou si au contraire ils vont les dévorer au loin, les engouffrant dans le luxe des villes, pratiquant l' « absentéisme » ruineux pour les campagnes. Il n'est pas moins important de savoir comment vivent les exploitants et les travailleurs des champs, de connaître les sommes qu'ils consacrent à leurs divers besoins matériels et mentaux ; et, à cet égard, des monographies, malheureusement trop peu nombreuses encore, pourront nous renseigner. Tout d'ailleurs, dans la consommation du travailleur rural, n'est pas le résultat d'un achat : la plus forte fraction peut-être de ce qu'il utilise, en France du moins, est directement due à son propre labeur ou à celui de sa famille. Tel est le cas, notamment, pour la majeure partie de sa nourriture ; et c'est pourquoi il importe fort, quand on envisage les résultats de la production, de ne pas s'en tenir au produit net, au produit de vente de la récolte, mais d'envisager le produit brut, où les denrées qui seront consommées sur place se trouvent à côté de celles qui seront portées au marché. — Voilà pour la consommation privée. Quant à la consommation publique, elle comprend la part du produit que l'Etat demande aux habitants des campagnes, sous forme d'impôts, pour satisfaire ses besoins généraux. Il a été de mode, pendant quelques années, de dire que le monde rural payait beaucoup plus d'impôts, en proportion de ses moyens, que les milieux urbains. Sur le fondement de cette idée, on a obtenu pour lui du législateur des dégrèvements, par exemple celui du quart de l'impôt foncier. Mais une série d'études récentes, conduites avec science et impartialité, nous paraissent avoir établi que les citadins, ceux surtout qui possèdent des valeurs mobilières, sont depuis des années très lourdement chargés aussi, tout autant que les paysans. Ces derniers ne sauraient donc prétendre que l'égalité proportionnelle est encore violée dans leurs rapports avec leurs concitoyens des villes. Ce qu'on peut seulement demander, en vue de l'égalité, c'est qu'il soit enfin établi une préréquation de l'impôt foncier, de manière qu'il frappe également les contribuables ruraux de toutes les communes. Mais cela ne peut se faire qu'en se décidant à le transformer, d'impôt de répartition qu'il est, en impôt de quotité — opération considérable et qui se heurte à bien des résistances. Ce qu'on peut encore réclamer, en faveur de tous les contribuables à la fois, c'est un arrêt dans la progression des dépenses publiques. Mais il faut bien le reconnaître : la plupart correspondent à des services nécessaires que des individualités ou des associations privées devraient assurer si l'Etat renonçait à s'en charger, et celui-ci les exécute avec plus de garanties et à peu près aussi économiquement que celles-là pourraient le faire.

Telles sont, Messieurs, les principales questions que nous passerons en revue dans ce cours d'économie rurale. Vous le voyez, la tâche est ample, et ce n'est pas la matière qui nous fera défaut. Puissent seulement les forces ne pas nous manquer pour l'élaborer tout entière ! Nous comptons, pour nous soutenir dans cette étude neuve et difficile, sur votre bienveillante attention, qui ne nous a jamais abandonné jusqu'à présent. Nous réclamons votre indulgence pour les défectuosités que présentera une exposition qui n'a guère de précédents sur lesquels elle puisse se guider. Nous sommes assuré que vous voudrez vous associer, par votre zèle et par vos suggestions personnelles, à une tentative qui n'est pas, croyons-nous, sans intérêt scientifique ni peut-être sans utilité nationale.

2.

LE TRAVAIL AGRICOLE

La loi du 30 juin 1899 sur les accidents agricoles.

Communication faite à la Société nationale d'agriculture en juillet 1899 (1).

I. — PRÉLIMINAIRES DE LA LOI.

La loi du 9 avril 1898, sur la responsabilité des accidents dont les ouvriers sont victimes dans leur travail, a causé, dans bien des milieux, de graves appréhensions. Mais nulle part celles-ci n'ont été plus vives que dans les milieux agricoles. Les principes posés par la loi nouvelle, en effet, venaient bouleverser les habitudes du monde rural. Ces principes se ramènent à deux essentiels. D'une part, la loi consacre la théorie du risque professionnel, c'est-à-dire qu'elle considère le risque des accidents comme inhérent à l'exercice même de la profession et qu'elle met par suite

(1) Extrait du tome CXXXIX des Mémoires de la Société.

la réparation de ces accidents à la charge du patron. D'autre part, sans doute, elle n'établit pas l'assurance par l'État ; elle ne crée même pas, pour les patrons, l'obligation de s'assurer auprès de qui que ce soit ; mais, pour sauvegarder l'ouvrier contre le danger que son patron ou l'assureur de celui-ci se trouve insolvable au jour de l'accident, elle institue un fonds de garantie, géré par l'État et alimenté au moyen de centimes additionnels à la contribution des patentes.

Cela posé, dans quelle mesure la loi du 9 avril 1898 s'appliquait-elle à l'agriculture ? Il a été dit, sur ce sujet, bien des paroles contradictoires à la tribune de la Chambre ou à celle du Sénat, au cours des longues années pendant lesquelles la loi y a été discutée. Dans ces conditions, le plus sûr est de ne s'en rapporter qu'à son texte même. Or, il y a un fragment de ce texte écrit justement en vue de l'agriculture, qui tranche assez nettement la question. L'article 1er met les accidents à la charge du chef d'entreprise quand ils sont « survenus par le fait du travail, ou à l'occasion du travail, aux ouvriers et employés occupés... dans toute exploitation ou partie d'exploitation... dans laquelle il est fait usage d'une machine mue par une force autre que celle de l'homme ou des animaux ». Dès lors, il paraît évident que la loi s'applique, outre les industries minières, manufacturières et de transports, aux industries agricoles qui utilisent immédiatement les produits de la culture, telles que distilleries, sucreries, beurreries, etc. ; et qu'en outre elle s'applique à l'agriculture elle-même, chaque fois que celle-ci se sert de moteurs inanimés, chaque fois qu'elle emploie, par exemple, une batteuse à vapeur. Il est vrai que, sur ce dernier point, les difficultés d'interprétation surgissent très nombreuses. Suffira-t-il qu'il y ait une batteuse dans une exploitation agricole pour que tous les accidents qui se produisent dans cette exploitation, en dehors du fait de la batteuse, soient régis par la loi? La batteuse peut ne rester qu'un ou deux jours dans la ferme : son passage fera-t-il de cette ferme une exploitation soumise à la loi pendant toute l'année ? Ou bien, au contraire, faudra-t-il restreindre à la fois dans le temps et dans l'espace les responsabilités édictées par le texte légal et décider qu'il ne concernera que les accidents survenus pendant le fonctionnement de la machine et dans son rayon, ou, pour mieux dire, que les accidents produits par la machine elle-même ? C'étaient là des problèmes que la loi du 9 avril 1898 ne résolvait pas et dont la solution devait exercer une influence des plus appréciables sur les charges de l'agriculture. Mais, quelle qu'elle dût être, le principe n'était guère douteux. La loi s'appliquait, dans une certaine mesure tout au moins, dans une mesure à préciser, à l'agriculture proprement dite. C'est dire que les cultivateurs, qu'ils fussent propriétaires ou fermiers, allaient se voir déclarer responsables des accidents survenus dans leurs exploitations, sans que les victimes fussent astreintes à établir qu'ils étaient en faute, à l'inverse de ce qui existait précédemment, sous le régime de l'article 1382 du Code civil. C'est dire aussi qu'à ces mêmes cultivateurs on allait vraisemblablement demander de constituer un fonds de garantie contre leur insolvabilité possible au jour de l'accident, et cela, non par des centimes additionnels à la patente, puisqu'ils sont affranchis de ce dernier impôt, mais par une taxe de remplacement, comme celle que la loi du 9 avril 1898 établissait elle-même sur les concessionnaires de mines. Ce double danger ne fut pas sans émouvoir très vivement les agriculteurs. Dans toutes les régions de la France, des inquiétudes se manifestèrent parmi eux dès le lendemain du vote de la loi. Et comme, à peu de jours de là, la Chambre des députés allait être renouvelée, nombre de candidats à la députation, dans les circonscriptions rurales, durent prendre l'engagement de faire en sorte qu'une loi nouvelle vînt bientôt exonérer l'agriculture de charges qu'elle jugeait ruineuses, soit en lui déclarant inapplicable un texte voté sous l'empire de préoccupations qui concernaient bien plutôt l'industrie manufacturière, soit tout au moins en restreignant ce texte dans les limites les plus étroites quand il s'agirait de l'appliquer aux exploitations agricoles.

Telle a donc été la première raison qui a décidé les législateurs à revenir sur la loi du 9 avril 1898. Mais, chose curieuse et pourtant jusqu'ici inaperçue, il en a existé une autre, directement contraire, en un sens, à la première. Tandis qu'un grand nombre de députés voulaient restreindre la portée de cette loi en ce qui concerne l'agriculture, certains songeaient, inversement, à l'étendre. C'étaient les députés socialistes. Ceux-ci, pénétrés des bienfaits de la législation sociale nouvelle, souhaitaient en faire profiter toutes les catégories de citoyens. Ils pensaient que ce n'étaient pas seulement les ouvriers agricoles proprement dits, mais aussi tous les petits propriétaires ou petits fermiers, travaillant à l'occasion sur le domaine d'autrui, soit pour un salaire, soit par complaisance et à charge de réciprocité, qui devaient pouvoir invoquer les dispositions de la loi de

1898. Ils se promettaient donc d'en faire élargir les termes en ce sens. Cette disposition d'esprit devait se retrouver, nous le verrons, dans les dis-cussions de la Chambre, dans les paroles.de son rapporteur, et se combiner avec la disposition d'esprit contraire pour inspirer un texte nou-veau.

Mais, si ces deux tendances opposées ont eu chacune leur rôle, il n'est pas douteux que c'est la première qui s'est manifestée avec le plus d'intensité et d'ardeur. La Société des Agricul-teurs de France s'en est constituée l'interprète. Sa commission permanente d'économie et de législation rurales, présidée par M. le comte de Luçay, a mis très vite à l'étude la loi de 1898 et les modifications qu'elle comportait. Tout d'abord, sur un point de détail, elle a obtenu une satisfac-tion du Gouvernement. Les sociétés d'assurance garantissant les risques prévus par la loi de 1898 avaient été astreintes, en vertu de décrets régle-mentaires et d'arrêtés ministériels qui les com-plétaient, à fournir un cautionnement élevé. Cette obligation eût entraîné la disparition des petites sociétés d'assurance mutuelle qui s'étaient for-mées dans les campagnes. Une sous-commission spéciale de la Société des Agriculteurs, nommée pour étudier ce point et dont nous avions l'honneur de faire partie, conclut que les risques assurés par ces petites associations mutuelles n'étaient que pour le dixième environ au nombre de ceux que prévoit la loi de 1898, et qu'il y avait lieu, par suite, de réduire, sous de certaines garanties, le cautionnement de celles-ci au dixième de celui qu'on exigeait des autres sociétés d'assurance. Le Gouvernement partagea cet avis, et un arrêté du Ministre du commerce, décidant en ce sens, vint permettre à ces modestes et utiles institutions de poursuivre leur fonctionnement. Mais il restait une question générale plus difficile à résoudre. Comment obtenir de la loi de 1898, dans son ensemble, une interprétation plus favorable à l'agriculture ? Il y eut des débats à ce sujet dans le sein de la Société des Agriculteurs de France. Les uns pensaient qu'on pouvait attendre les premières applications de cette loi et soutenir alors devant les tribunaux qu'elle n'était jamais ou presque jamais applicable à l'agriculture. Les autres, et nous fûmes de ceux-là, exposèrent qu'elle avait une portée plus générale, qu'elle englobait les exploitations rurales, et que, si l'on voulait mettre celles-ci hors de sa sphère, il fallait s'adresser au Parlement et lui demander de voter une disposition qui le dît expressément. Cet avis prévalut. Des démarches furent faites, au nom de la Société, auprès des pouvoirs publics Elles rencontrèrent un accueil très favorable, en raison des circonstances que nous avons exposées tout à l'heure. Plusieurs membres du Parlement promirent d'intervenir à la tribune pour demander la modification attendue par les agriculteurs. Et, le moment venu, ils tinrent parole.

II. — Discussion et vote de la loi

L'occasion leur en fut fournie par un débat qui s'éleva à la Chambre des députés sur une question assez différente, mais se rattachant, elle aussi, à la loi du 9 avril 1898. Cette loi modifiant du tout au tout les conditions de fonctionnement des assurances du travail, certains députés jugèrent qu'il était équitable de déclarer résiliés tous les contrats d'assurance de ce genre passés antérieurement à la mise en vigueur de la loi. Le jeudi 1er juin 1899 (1), on discutait à la Chambre une proposition de loi de M. A. Gervais

(1) Voir *Journal officiel* du 2 juin 1899, *Débats de la Chambre*, p. 1535 et s.

sur ce sujet. M. Julien Goujon monte à la tribune et demande si la proposition de résiliation des polices d'assurance s'étend aussi aux assurances agricoles. A ce propos, il pose la question générale de l'application à l'agriculture de la loi du 9 avril 1898. Il déclare que, pour sa part, il ne croit pas que cette application soit possible, au moins dans une large mesure. Il s'appuie sur ce que le fonds de garantie ne pourrait s'alimenter pour l'agriculture, ni par des centimes additionnels à la patente qui, ici, n'existe pas, ni par une taxe spéciale de remplacement que le législateur de 1898 n'a pas établie. La Chambre demande à ce sujet l'opinion du rapporteur de la commission de prévoyance et d'assurance sociales, M. Audiffred, et celle du président de cette commission, M. Louis Ricard. Mais ces deux honorables députés ne sont pas d'accord. Admît-on le principe général de la résiliation des contrats d'assurance, M. Audiffred croit que cette résiliation ne pourrait avoir lieu pour les assurances agricoles, par le seul fait qu'une machine à battre irait fonctionner dans la ferme un ou deux jours par an. M. Louis Ricard vient défendre à la tribune la solution contraire. Les opinions les plus variées apparaissent alors, les questions les plus diverses sont posées. M. Millerand, qui n'est pas encore ministre, affirme à plusieurs reprises que l'agriculture est soumise à la loi de 1898. M. le vicomte de Montfort dit que la Chambre n'eût pas voté cette loi, si elle l'eût crue applicable aux exploitations rurales. M. Loriot demande que la responsabilité des accidents causés par une batteuse incombe toujours à l'entrepreneur de battage, que les victimes soient les ouvriers de cet entrepreneur, ceux de l'agriculteur, ou des voisins obligeants. M. Paul Delombre, alors ministre du commerce, ne met pas en doute que les accidents causés par la batteuse soient régis par la loi de 1898 : la Caisse nationale d'assurances a publié des tarifs applicables à cette espèce ; on pourra s'assurer auprès d'elle pour une opération de battage qui ne durera qu'un mois, ou même qu'un jour. Il faudra, disent MM. de Montfort et Louis Ricard, qu'elle admette des polices flottantes permettant d'assurer le personnel variable de la batteuse. Après plusieurs autres interventions relatives à des questions étrangères à l'agriculture, la Chambre vote la proposition portant résiliation des contrats d'assurance. MM. Quilbœuf et Julien Goujon demandent alors que cette résiliation ne s'applique pas aux contrats d'assurances agricoles. M. Millerand fait observer que, « si les tribunaux décident que les agriculteurs tombent sous le coup de la loi de 1898, ils seront dans cette situation singulière, que la loi sur les accidents leur sera applicable, mais que celle qui résout les contrats d'assurance ne le leur sera pas ». M. Julien Goujon, pour tenir compte de cette remarque, modifie son amendement et le rédige ainsi : « La loi du 9 avril 1898 et la présente loi (sur la résiliation des contrats d'assurance) ne sont pas applicables aux agriculteurs qui ne se servent qu'accidentellement de moteurs inanimés. » Ce texte posait nettement la question générale de l'application de la loi de 1898 en matière agricole. La Chambre eut le bon sens de ne pas se prononcer sur lui séance tenante et de le renvoyer à l'examen de la commission de prévoyance et d'assurance sociales.

Cette commission se réunit sans délai pour l'examiner. On avait hâte d'aboutir, car on voulait donner satisfaction aux agriculteurs avant que les opérations de battage fussent commencées et que leur responsabilité eût à jouer. Outre l'amendement de M. Julien Goujon, la commission eut à en examiner un autre, déposé par M. Léon Mirman et signé en outre d'un certain nombre de ses collègues. La discussion sur les suites de la loi de 1898 s'était en effet continuée le vendredi 2 juin et avait été plus tumultueuse et plus confuse encore que celle de la veille (1). Au cours de ce débat, M. Mirman avait prononcé un discours qu'il résuma dans la proposition suivante : « Tous les accidents dûs au fait des machines agricoles mues par des moteurs inanimés, et dont seront victimes des personnes employées à la conduite ou au service de ces machines, sont à la charge du chef d'entreprise desdits moteurs dans les conditions de la loi de 1898. » M. Fernand de Ramel avait appuyé cette proposition. Et, de leur côté, M. de Pontbriand et plusieurs de ses collègues en déposèrent un peu plus tard une autre ainsi conçue : « En matière d'accidents agricoles, la responsabilité incombe toujours au propriétaire ou exploitant de la machine, soit que les accidents soient causés par le moteur même, soit qu'ils se produisent à l'occasion de son emploi. » Ce texte, qui ne fut présenté à la Chambre qu'au début de la séance du 8 juin (2), semble être venu trop tard pour l'examen de la commission. Mais, comme il était fort analogue à celui de M. Mirman,

(1) Voir le *Journal officiel* du samedi 3 juin 1899, *Chambre.*

(2) Voir le *Journal officiel* du vendredi 9 juin 1899, *Chambre.*

on peut dire que celle-ci n'en fut pas moins mise en présence de l'ensemble de la question.

Elle chargea M. Mirman lui-même de déposer un rapport en son nom. Le jeudi 8 juin 1898, la Chambre consacra la plus grande partie de sa séance à écouter et à discuter ce rapport, qui fut très intéressant et très net. Dès ses premiers mots, le rapporteur pose avec précision le problème : « Dans quelle mesure et sous quelles conditions la loi du 9 avril 1898 est-elle applicables aux travailleurs agricoles ? » Ce problème se subdivise en trois questions secondaires :

1° Quels sont les accidents agricoles auxquels cette loi s'étend ? Ce sont, dit le rapporteur, ceux qui sont causés par une machine, ne fonctionnât-elle même que temporairement.

2° Quelles sont les victimes qui bénéficieront de la loi ? Au nom de la commission, le rapporteur répond : « les personnes, quelles qu'elles soient, occupées à la conduite ou au service des moteurs ou machines ». Lors d'un battage, par exemple, il y a, au service de la machine, des ouvriers qu'amène avec lui l'entrepreneur de battage et qu'il rémunère. Il y en a d'autres qui sont les ouvriers habituels du cultivateur dont on bat la récolte. Il y a enfin des voisins de ce cultivateur, venus pour l'aider à la condition qu'il leur rendra le même service le lendemain ou dans quelques jours : ce sont des auxiliaires non salariés en argent. Eh bien ! ces trois catégories de personnes auront un égal droit à l'indemnité, si un accident se produit dont elles soient les victimes.

3° Quelle est la personne responsable ? Qui devra prendre la précaution de s'assurer ?

Dans le cas du battage, auquel les explications données au Parlement ont toujours paru se référer, on pouvait hésiter entre deux personnes responsables : le cultivateur, propriétaire ou fermier, dont on bat la récolte ; et l'exploitant de la batteuse, propriétaire ou locataire de la machine qu'il met à la disposition du cultivateur et qu'il dirige dans ses opérations mécaniques. Pour choisir entre eux, la commission, déclare son rapporteur, s'est guidée par le raisonnement suivant. Le cultivateur n'emploie souvent la machine qu'un jour ou deux par an ; si donc on lui imposait la responsabilité de son fonctionnement, il serait à craindre qu'il n'omît de prendre une assurance pour ce fait qui lui paraît tout accidentel. Au contraire, l'exploitant de la machine vit d'elle seule : qu'on mette à son compte la responsabilité, il la considérera comme une charge naturelle de son industrie et il n'omettra pas de se couvrir et de couvrir les travailleurs par une assurance. Au reste, il pourra se récupérer de cette charge nouvelle en majorant ses prix dans son traité avec le cultivateur.

Qu'on le remarque, la responsabilité n'incombe pas, dans le projet de la commission, au propriétaire de la machine, lequel peut rester tout à fait étranger à son fonctionnement. Elle incombe à l'exploitant de cette machine, à celui qui la dirige ou la fait diriger par ses préposés. Ainsi est responsable l'industriel, l'entrepreneur de battage, qui a pris en location la machine appartenant à un constructeur ; et de même le cultivateur qui l'a reçue à bail d'un syndicat ou d'une commune.

Enfin, une dernière question se pose. D'après la loi de 1898, l'indemnité servie au travailleur victime d'un accident est calculée sur la base de son salaire annuel. Mais le texte de la commission admet le droit à l'indemnité pour un travailleur non salarié, pour un voisin qui a coopéré gratuitement au battage. Sur quelle base calculera-t-on leur indemnité en cas d'accident ? Sur celle, répond la commission, du salaire moyen des travailleurs agricoles dans la commune.

Tel est, en bref, le rapport. La Chambre l'accueille avec des marques d'assentiment très significatives, et M. de Pontbriand déclare que, le texte de la commission lui donnant complète satisfaction, il retire son propre amendement, Cependant une discussion s'engage, et elle ne manquera pas d'animation.

D'abord, amené à la tribune par des questions de M. Lechevallier et de M. Gaston Menier, le ministre du commerce, M. Paul Delombre, déclare que la Caisse nationale d'assurances, pour permettre à l'entrepreneur de battage de se couvrir, l'autorisera à contracter des polices pour une durée aussi minime qu'il le voudra, pour un jour par exemple, ou encore à souscrire une police flottante, désignant seulement le chiffre des ouvriers employés, de façon que la personne de ces ouvriers puisse varier suivant l'exploitation où la machine opère.

M. Marc Sauzet estime qu'il faudrait dire expressément que le texte nouveau sera seul applicable aux accidents agricoles, et que l'article 1er de la loi du 9 avril 1898 ne sortira aucun effet en matière rurale, hors les cas prévus par ce nouveau texte. Autrement, déclare l'honorable député, on pourrait songer à appliquer la loi de 1898 aux accidents qui se produisent, par exemple, dans les chantiers établis au printemps pour l'exploitation des taillis sans qu'on s'y serve de moteurs inanimés, ou dans les travaux d'élagage, d'abatage et de transport des bois.

M. Mirman répond qu'il n'est pas personnellement autorisé à interpréter la loi de 1898 pour dire si elle cessera ou non de s'appliquer à ces hypothèses.

Une série de propositions sont alors faites pour marquer que la Chambre entend limiter la portée de la loi de 1898 aux cas visés par le texte de la commission. M. Julien Goujon, puis M. de Ramel cherchent à introduire ce dernier texte dans celui de 1898. M. Louis Ricard s'y oppose, disant qu'il n'y a pas à revenir sur la loi votée l'an dernier. M. le comte de Saint-Quentin propose d'ajouter au texte de la commission un paragraphe final portant que « les responsabilités définies par l'article 1er de la loi du 9 avril 1898 ne s'étendent à l'agriculture que dans les cas et les limites indiqués par l'article 1er de la présente loi ». M. Drake préférerait voir joindre à ce même texte de la commission un amendement initial disant que : « l'article 1er de la loi du 9 avril 1998 est complété par les dispositions suivantes ».

La Chambre se décide enfin à voter. Elle adopte successivement les trois paragraphes du texte proposé par la commission, en repoussant un amendement de M. l'abbé Lemire, qui tendait à faire « considérer comme exploitant (responsable des accidents) la collectivité ou l'individu au profit desquels la machine agricole fonctionnera ». Reste seulement la question de savoir quels seront les rapports de la loi de 1898 et du texte nouveau. M. Paul Delombre, ministre du commerce, demande que celui-ci forme une loi distincte non insérée dans la précédente, parce que, dit-il, il consacre des principes nouveaux, et parce qu'il ne faut pas remettre en question la loi de 1898, ce qui conduirait, pour rassurer le monde agricole, à inquiéter le monde ouvrier qui attend si impatiemment la mise en vigueur du texte de l'an dernier. M. de Ramel et M. Drake retirent leurs amendements. M. Mirman se décide à faire la déclaration qu'on lui demandait vainement tout à l'heure. Il rappelle qu'on a dit au Sénat, dans la discussion de la loi de 1898, que « cette loi n'est pas applicable à l'agriculture, hors le cas où elle emploie une machine à moteur inanimé, et seulement à l'occasion des accidents qui pourraient être causés par ce moteur ou cette machine ». Il laisse entendre que tel est le sentiment qui a décidé la commission, dont il est le rapporteur, à proposer le texte que la Chambre vient de voter. M. le comte de Saint-Quentin considère alors qu'il a reçu satisfaction, et retire son

propre amendement. La Chambre peut enfin
procéder au vote sur l'ensemble du texte de la
commission et ce texte est adopté sans difficulté.

Seulement, dès le lendemain du vote, les principaux intéressés déclarent qu'ils n'ont pas, eux,
tout à fait satisfaction. Ils se félicitent sans
doute du résultat obtenu, mais ils voudraient que,
par un paragraphe clair et précis, on déclarât,
dans la loi nouvelle, que, en dehors du cas qu'elle
prévoit, la loi de 1898 ne recevra aucune application aux exploitations rurales. La Société des
agriculteurs de France émet un vœu en ce sens et
charge deux de ses membres, MM. René Lavollée
et Pierre Le Marois, d'aller défendre ce vœu devant
la commission sénatoriale à laquelle le projet a été
renvoyé. Leur parole est écoutée et cette commission se range à leur avis, à la suite d'une
conférence tenue avec le ministre du commerce,
le président et le rapporteur de la commission de
la Chambre. Dans son projet, elle insère intégralement le texte adopté par la Chambre, mais elle
le fait précéder d'un premier paragraphe ainsi
conçu : « La loi du 9 avril 1898 n'est pas applicable à l'agriculture. » C'est dire que les dispositions nouvelles sur les accidents agricoles devront se suffire à elles-mêmes. M. Legludic lit
au Sénat, le lundi 26 juin 1899, le rapport pré-

senté au nom de la commission et fondé sur ces principes (1).

Mais, lorsque ce texte vint en discussion devant la haute Assemblée le jeudi 29 juin, une modification y avait été introduite. Le paragraphe que nous venons de citer était maintenant rejeté du début à la fin. Sa rédaction avait été remaniée en conséquence. Après les dispositions votées par la Chambre, on lisait dans le projet de la commission : « hors du cas prévu ci-dessus, la loi de 1898 ne s'applique pas à l'agriculture ». La modification est des plus importantes : c'est tout un changement de principe, car, avec ce nouveau texte, la loi de 1898 ne demeure pas étrangère à l'agriculture. Bien au contraire, elle va s'y appliquer, dans les cas prévus par les trois premiers paragraphes de la loi nouvelle, et en toutes celles de ses dispositions qui ne sont pas incompatibles avec celle-ci. On regrette vivement, devant une telle transformation du projet de la commission à la dernière heure, qu'aucune explication n'en ait été donnée au Sénat et que son importance juridique et pratique ait paru échapper à ses auteurs eux-mêmes.

(1) Voir le *Journal officiel* du 27 juin 1899, *Sénat,* p. 757 ss.

Quoi qu'il en soit, ce projet, comme celui de la commission de la Chambre, ne devait pas désarmer la critique. De rudes assauts lui étaient réservés au jour de la discussion publique. Dans le débat du 29 juin (1), des observations de détail sont d'abord présentées. M. le sénateur Lesouëf demande que les maires soient constitués représentants de la Caisse nationale d'assurances pour recevoir les contrats d'assurance agricoles. Il insiste pour que cette caisse modifie ses statuts de façon à permettre les polices flottantes pour le personnel variable de la batteuse, suivant la promesse faite par M. Delombre à la Chambre. M. Millerand, qui est devenu ministre du commerce, promet d'obtenir le second point ; mais, sur le premier, il n'est pas d'accord avec l'orateur. M. Félix Martin propose une transaction : l'entrepreneur de battage contractera sa police flottante devant le percepteur, représentant ordinaire de la Caisse nationale ; mais, allant de commune en commune, il remettra chaque matin au maire une liste des personnes qu'il doit employer dans la journée. Le Sénat adopte ensuite, successivement et à mains levées, les trois premiers paragraphes proposés par sa commission,

(1) Voir le *Journal officiel* du 30 juin 1899, *Sénat*, pages 794 ss.

c'est-à-dire le texte voté par la Chambre. Mais, sur le quatrième, M. Félix Martin propose et développe un amendement. Il remarque que l'entrepreneur de battage peut ne s'être pas assuré et se trouver insolvable. En ce cas, la victime de l'accident, s'il s'agit d'une incapacité permanente, est couverte par le fonds de garantie. Mais, s'il s'agit d'une incapacité temporaire, elle ne l'est pas. Elle court donc alors les risques de l'insolvabilité de l'entrepreneur de battage, alors que souvent elle est au service, non de celui-ci, mais du cultivateur. Il y a là une iniquité, et pour la faire disparaître l'honorable sénateur propose de décider que « si l'exploitant de la machine ne s'est pas couvert par une assurance contre les accidents entraînant une incapacité temporaire et s'il est insolvable, l'ouvrier blessé aura recours, pour cette incapacité temporaire, contre le propriétaire ou fermier avec lequel il est lié par son contrat de travail ». M. Legludic, rapporteur de la commission, répond. Il craint de voir toute l'économie de la loi bouleversée par cette disposition pour un intérêt qu'il juge assez restreint : car il sera rare qu'un entrepreneur de battage ne soit pas en mesure d'indemniser la victime d'une simple incapacité temporaire. M. Félix Martin objecte que les incapacités temporaires représentent 95 p. 100

des accidents. M. Cordelet, président de la commission, parle dans le même sens que le rapporteur : « Il n'est pas besoin de l'amendement, dit-il, pour donner un droit à la victime contre le propriétaire ou fermier, quand celui-ci est en faute ; l'article 1382 du Code civil suffit dans ce cas. » Mais, dit M. Félix Martin, la loi de 1898, applicable dans l'espèce, écarte dans son article 2 l'application de l'article 1382. Oui, en principe, réplique M. le ministre Millerand ; mais dans son article 7, la loi de 1898 rouvre la porte au droit commun pour les fautes que la victime pourrait reprocher à un autre que l'entrepreneur de battage ou ses préposés, au cultivateur par exemple. Sans doute, répond M. Félix Martin ; mais il peut se faire que le cultivateur ne soit pas en faute ou que l'ouvrier ne puisse l'établir, et celui-ci se trouvera alors, contrairement au principe du risque professionnel, dénué de tout recours. MM. Léopold Faye et Victor Leydet appuient l'amendement. M. Sébline en montre le côté délicat ; il va créer un privilège, dont les ouvriers du cultivateur pourront seuls bénéficier, à l'exclusion de ceux de l'entrepreneur de battage. Et à l'exclusion des voisins qui coopèrent au battage sans avoir passé de contrat de travail, ajoute M. Milliès-Lacroix ; puisque l'exploitant de la machine a seul la direction de l'opération, on ne peut, dit ce sénateur, rendre le cultivateur responsable des accidents, même subsidiairement. En somme, dit M. Milliard, la loi a été faite pour exonérer l'agriculteur de la charge des accidents, et voici que, par un détour, on propose de la lui imposer de nouveau. C'est qu'il y a là, répond M. Bérenger, une question de justice : on ne peut laisser la victime désarmée dans le cas fréquent de l'insolvabilité de l'entrepreneur de battage, on ne peut préférer, en cette hypothèse, le patron agricole à l'ouvrier. M. le ministre Millerand déclare que la conclusion qui ressort du débat est que « il faudra que le Parlement vote une loi sur les accidents agricoles » ; mais, pour aujourd'hui, il engage le Sénat à adopter purement et simplement le texte de sa commission. M. Félix Martin ajoute encore quelques mots : les voisins qui coopèrent au battage bénéficieraient, dit-il, de son amendement, car ils sont liés au cultivateur par un véritable contrat de travail et ils reçoivent un salaire, au moins en nature et sous forme d'aide réciproque. Cet amendement est alors mis au voix ; mais le Sénat le repousse à une très forte majorité. Il adopte ensuite le quatrième paragraphe du texte de la commission, puis l'ensemble de ce texte. La loi apparaît désormais dans son aspect définitif.

Il ne lui reste plus qu'une étape à franchir, mais celle-ci n'entraînera pas de retard. Le quatrième paragraphe ayant été ajouté par le Sénat aux trois qu'avait votés la Chambre, il est nécessaire que celle-ci adopte à son tour ce quatrième paragraphe. La loi revient donc devant elle, dès le lendemain, vendredi 30 juin 1899 (1). M. le rapporteur Mirman déclare que cette addition a été faite d'accord avec le gouvernement et les représentants de la commission de la Chambre et qu'elle ne fait que traduire les sentiments qui s'étaient fait jour, dans la Chambre elle-même, sur l'application de la loi de 1898 à l'agriculture. Il indique que le texte nouveau aura deux grands avantages : rassurer les cultivateurs contre les craintes engendrées par la loi de 1898 et étendre le bénéfice de l'indemnité en cas d'accident aux petits propriétaires ou fermiers qui collaborent bénévolement au battage. Mais il ajoute que l'œuvre n'est pas complète. Une loi générale sur les accidents reste à faire. « Je suis, dit le rapporteur, l'interprète de la commission et je crois

(1) *Journal officiel* du 1er juillet 1899, *Chambre*, p. 1751, ss.

être aussi l'interprète de la Chambre tout entière, en demandant au Gouvernement de réunir dans le plus bref délai et de présenter les éléments né-cessaires à l'élaboration de cette loi nouvelle. » Personne ne demande cette fois la parole. L'ensemble de la loi, tel qu'il revient du Sénat, est adopté. Le soir même, le décret de promulgation est rendu. Il donne sa date à la loi, qui s'appellera dès lors la loi du 30 juin 1899. Elle paraît le lendemain au *Journal officiel* (1) et en voici la teneur :

« Les accidents occasionnés par l'emploi des machines agricoles mues par des moteurs inanimés et dont sont victimes, par le fait ou à l'occasion du travail, les personnes, quelles qu'elles soient, occupées à la conduite ou au service de ces moteurs ou machines, sont à la charge de l'exploitant dudit moteur.

« Est considéré comme exploitant l'individu ou la collectivité qui dirige le moteur où le fait diriger par ses préposés.

« Si la victime n'est pas salariée ou n'a pas un salaire fixe, l'indemnité due est calculée, suivant les tarifs de la loi du 9 avril 1898, d'après le sa-

______

(1) *Journal officiel* du 1ᵉʳ juillet 1899, *partie principale*, p. 4334.

laire moyen des ouvriers agricoles de la commune.

« En dehors du cas ci-dessus déterminé, la loi du 9 avril 1898 n'est pas applicable à l'agriculture. »

III. — VALEUR DE LA LOI

Et maintenant, cette loi étant votée, quelle en est la valeur ? Il est certainement difficile de la juger avant toute application. Seule, sa mise en pratique pourra dire si elle a été bien ou mal rédigée. Ses promoteurs en attendent beaucoup. A voir la hâte avec laquelle elle a été adoptée et la façon dont elle a été saluée dans les deux Chambres, on peut croire qu'elle satisfait un besoin très pressant, celui de rassurer l'agriculture contre les craintes qu'avait fait naître chez elle le vote de la loi de 1898. Et, à cet égard, il semble au premier abord qu'elle ait atteint le but proposé. Toutefois, à la réflexion, certains doutes viennent à naître. Ce ne sera pas le cultivateur, il est vrai, qui sera responsable des accidents, ce sera l'entrepreneur de battage. A celui-ci incombera la charge de l'assurance et le payement des

4 centimes additionnels à la patente (1) pour la constitution du fonds de garantie. Soit ; mais croit-on qu'il supportera définitivement ce double fardeau ? Point du tout ; il essayera de s'en débarrasser sur le cultivateur ; il majorera en conséquence le prix de location de sa machine et de ses services. Sans doute il ne pourra pas toujours y réussir : la victoire, dans ce débat des prix entre lui et l'agriculteur, dépendra des conditions de l'offre et de la demande. Il arrivera ici ce qui arrive toujours en matière d'incidence de l'impôt. Mais enfin, dans un très grand nombre de cas, ce sera certainement le cultivateur qui payera, indirectement, les frais d'assurance et de garantie. Pour être dissimulée, la charge lui incombant n'en sera pas moins réelle.

D'un autre côté, les ouvriers agricoles — qu'ils soient au service de l'entrepreneur de battage ou au service du cultivateur, ou encore qu'ils soient des voisins complaisants — ne seront pas toujours complètement indemnisés. M. Félix Martin avait bien raison de le dire : l'insolvabilité de l'entrepreneur de battage les atteindra gravement en cas d'accident entraînant une incapacité tem-

----

(1) Impôt dont l'exploitant d'une machine à vapeur est grevé, à la différence du cultivateur.

poraire. De sorte que cette loi, qui grève les exploitants, n'assurera pas dans tous les cas une complète satisfaction aux travailleurs.

Puis, ne voit-on pas que des difficultés vont surgir de la nécessité de concilier les deux textes de 1898 et de 1899 ? Qu'on y prenne garde, en effet. La loi de 1898 n'est pas déclarée inapplicable à l'agriculture, comme l'avait d'abord proposé la commission du Sénat. Elle s'y applique au contraire, justement et uniquement, dans les cas prévus par la loi de 1899. Et elle s'y applique alors, évidemment, dans toutes celles de ses dispositions qui ne sont pas directement contraires à celles de la loi nouvelle. Mais c'est cette contrariété que la pratique ne peut guère tarder à mettre en lumière. Ainsi, voici une machine agricole qui éclate et blesse un ouvrier de la ferme, lequel se trouvait à quelques mètres de là. Celui-ci n'était pas personnellement employé à la conduite ou au service de cette machine. Il manque, dès lors, de la condition exigée par le texte de 1899 pour être indemnisé. Au contraire, il remplit celle de l'article 1er de la loi de 1898, puisque l'accident est arrivé à l'occasion de son travail. Fera-t-on prévaloir la disposition de 1899, plus récente, ou celle de 1898, plus humaine ? Et voici maintenant un exemple en sens inverse. La loi de 1898 limite le bénéfice de ses mesures aux ouvriers et employés dont le salaire annuel ne dépasse pas 2.400 francs. La loi de 1899 ne contient rien de tel ; elle semble même abroger cette limitation pour l'agriculture, car elle parle des « personnes quelles qu'elles soient » occupées aux machines. Qu'arrivera-t-il donc si un travailleur qui reçoit plus de 2.400 francs par an est blessé au service d'une machine agricole ? Il est vrai que de semblables salaires sont rares dans l'agriculture. Mais on peut supposer qu'il s'agit du régisseur d'un domaine important, recevant un traitement élevé et qui, temporairement, collabore au travail de battage. Avec la loi de 1899, il aura droit à l'indemnité que lui refusent la loi de 1898 et peut-être aussi la logique.

Concluons donc qu'il y a là bien des sources de difficultés et de procès. La loi nouvelle provoquera probablement de nombreuses décisions judiciaires, et le législateur sera amené à revenir sur elle à brève échéance. Lorsqu'il le fera, on peut souhaiter qu'il songe à la remplacer par une loi plus générale, portant sur tous les accidents agricoles, sur ceux qui sont le fait de machines ou d'outils mûs par l'homme lui-même ou par les animaux, ou même qui dérivent du cas fortuit ou de la force majeure, aussi bien que sur ceux qui proviennent de l'emploi de moteurs inanimés. Il pourra alors prendre ces dispositions d'ensemble qu'on a annoncées tant au Sénat qu'à la Chambre. Mais, s'il nous est permis d'exprimer une espérance, ce sera celle que le législateur ne se hâte pas trop d'élaborer ce troisième texte, quoiqu'on lui ait demandé de le faire. Par l'exemple de la loi du 30 juin 1899, nous venons de voir quelles défectuosités entraîne une préparation trop rapide. Que le Gouvernement et le Parlement prennent le loisir nécessaire pour juger les résultats produits par les textes existants, pour laisser se former à leur sujet une jurisprudence et une doctrine cohérentes. Qu'ils n'admettent que des dispositions dont la nécessité aura été reconnue par un mûr examen. C'est à cette seule condition que leur nouvelle œuvre pourra vivre. Le temps, suivant une parole célèbre, ne consacre rien de ce qui s'est fait sans lui.

La protection légale des travailleurs agricoles.

Rapport présenté au Congrès international de 1900 pour la protection légale des travailleurs.

I

Il semble aujourd'hui très généralement admis que l'Etat peut légitimement intervenir en faveur des ouvriers de l'industrie, lorsque les conditions d'exercice de leur travail paraissent mettre en péril leur organisme, et en vue d'améliorer ces conditions par voie législative ou réglementaire. Ce principe une fois accepté, il ne reste plus qu'à fixer dans quelle mesure et de quelle manière cette intervention de l'Etat se produira. C'est à résoudre cette question d'application, souvent délicate, que le Congrès international pour la protection légale des travailleurs a été essentiellement consacré.

Seulement il n'est pas possible d'oublier que, à côté de l'industrie, existe une autre branche non moins importante de la production, l'agriculture. Dans celle-ci nous ne faisons rentrer, ni les industries agricoles, telles que les distilleries ou sucreries établies à la campagne, ni les industries extractives, consistant dans le travail des mines ou l'exploitation des gisements divers. Ces sortes de labeurs nous paraissent plutôt faire partie de l'industrie elle-même. Sous le nom d'agriculture nous ne comprenons que les travaux de la culture proprement dite et ceux de l'élevage. Un nombre d'ouvriers extrêmement considérable, plus considérable peut-être que celui des ouvriers de l'industrie, y est employé. Pour eux, la question de la protection légale pourrait se poser, et il ne nous paraît pas qu'un congrès comme celui-ci doive y rester indifférent.

Mais le problème ne se présente pas cette fois dans les mêmes conditions que tout à l'heure. Dans l'industrie, les applications seules demeurent aujourd'hui controversées. Dans l'agriculture, c'est le principe même qui est sujet à contestation. Il n'est pas certain, en effet, qu'il y ait place ici pour une intervention quelconque du législateur ou de l'autorité administrative. Le fait même, que jusqu'à présent on ne s'était pas préoccupé de cette action possible des pouvoirs sociaux, semble indiquer que sa nécessité ne se fait pas bien vivement sentir. Mais cette considération n'est à coup sûr pas décisive, et il importe que la question soit élucidée d'une façon rationnelle, sans qu'on se laisse guider par aucune idée préconçue dans la solution à lui donner. C'est à cet examen que nous voudrions nous livrer. Et, pour le faire aussi complètement que possible, nous envisagerons successivement deux problèmes : 1° est-il nécessaire, ou à tout le moins est-il utile, que les pouvoirs publics interviennent pour protéger les travailleurs agricoles ? 2° est-ce effectivement possible, et à quelles conditions cela le serait-il ?

II

Pour juger la question d'utilité, il faut se placer tour à tour à deux points de vue, qu'indique le programme du Congrès. Celui-ci envisage en effet, pour l'ouvrier de l'industrie, la limitation de la durée du travail journalier, puis l'interdiction du travail de nuit. Ces deux mesures sont-elles désirables pour l'ouvrier agricole ? Recherchons-le séparément pour chacune d'entre elles.

Il arrive fréquemment, dans le monde rural, que

la durée du travail se prolonge, un même jour,
pendant des heures très nombreuses. Plaçons-nous
à la belle saison, au moment où les travaux des
champs battent leur plein. Le laboureur est à sa
tâche dès l'aube, et il ne la quitte qu'à la nuit
tombante. Cela peut bien faire seize heures passées
aux champs, sur lesquelles une heure tout au plus
est réservée pour le déjeuner et le repos. Il n'y a
pas là de travail de nuit, mais cela n'empêche que
ces quinze heures de labeur constituent un véritable surmenage. N'y aurait-il pas intérêt à l'empêcher ?

L'affirmative, à première vue, semble s'imposer.
A regarder les choses de près, la négative prend
pourtant l'avantage. Car, d'abord, il faut établir
une profonde différence entre ce travail aux champs
et le travail à l'usine. Ce qui rend ce dernier insa-
lubre, c'est l'atmosphère de la fabrique, d'autant
plus délétère que la journée est plus avancée. Ce
qui le rend dangereux, c'est le maniement d'appa-
reils délicats, d'engrenages compliqués, qui peut
provoquer les plus graves accidents chez l'ouvrier,
dès qu'un instant d'inattention se produit de sa
part, inattention qui doit devenir plus fréquente
à la fin d'un long labeur. Mais, aux champs, il n'y
a rien de tel à craindre. L'atmosphère est celle de
la nature, elle est renouvelée à chaque instant par

le seul jeu des forces physiques, et elle se fait, avec le soir, dans la saison d'été, plus tiède et plus douce. Quant aux machines, elles sont relativement rares et, à part la batteuse mécanique, à peu près inoffensives. Les périls du travail industriel n'existent donc pas ici, et le surmenage ne peut avoir d'effets nocifs que dans une mesure restreinte.

Ce n'est pas tout. Ce surmenage lui-même a généralement, pour l'ouvrier des campagnes, une compensation. Il la trouve dans l'inaction relative de l'hiver. A cette date, le travail aux champs devient difficile et d'ailleurs presque sans profit. Il n'y a plus guère à peiner qu'à l'intérieur de la ferme, et c'est assez peu de chose. Le moment est venu de se reposer des fatigues de la saison précédente et de prendre des forces en vue de celles qu'amènera la saison prochaine. On ne manque pas de le faire et, puisqu'on le peut sans dommage, on fait bien. — Telle n'est pas la condition de l'ouvrier de fabrique. Pour lui, hiver comme été, il faut peiner. C'est tout au plus si les heures de travail sont diminuées d'une unité — et pas toujours — dans la mauvaise saison. L'art humain, qui a modifié si profondément les conditions du labeur faites par la nature, a su assurer à l'ouvrier des villes une occupation per-

manente et le mettre, dans l'exercice de sa profession, à l'abri des intempéries naturelles. Mais
cet avantage se retourne, en un sens, contre lui,
car cette situation tend à rendre son dur effort,
son surmenage, permanent. — En réalité donc,
il n'y a pas d'assimilation à établir, au point de
vue auquel nous venons de nous placer, entre l'ouvrier des champs et celui des villes, celui de la
grande industrie notamment. Le premier n'a vraiment pas à redouter les plus graves des inconvénients qui peuvent résulter, pour le second, de la
prolongation du labeur quotidien.

III

Passons maintenant au travail de nuit. Il est reconnu qu'il est en principe, par lui-même, une
cause de fatigue et d'affaiblissement. Mais, avant
de le proscrire du monde agricole, il faudrait au
préalable s'assurer qu'il y existe. Or, il nous paraît qu'on ne l'y trouve pas, du moins quand on
n'envisage que les professions agricoles proprement dites. La culture et l'élève du bétail, en effet,
se font en pleine campagne ; et, dans les champs,

il est non pas sans doute impossible, mais inusité, de peiner autrement qu'à la lumière du soleil. La journée du laboureur peut être longue ; elle n'empiète pas du moins sur la nuit. Il n'y a donc pas lieu d'interdire au cultivateur le travail nocturne, puisqu'il ne le pratique pas.

Nous savons cependant qu'il y a certains éléments de la population agricole qui parfois font des veillées. Ainsi les femmes, un peu partout, utilisent les longues soirées de l'hiver pour coudre et pour tisser. Ainsi les hommes eux-mêmes, dans nombre de régions, se livrent, à la même date, à l'exploitation de diverses industries domestiques, pour ne pas voir durant la mauvaise saison leur salaire se réduire à rien. Seulement il y a ici une observation à faire. C'est que ces travaux, masculins ou féminins, ne sont plus des travaux agricoles, mais bien des travaux industriels. Ils constituent des formes de la petite industrie, de l'industrie à domicile. En ce qui les concerne, le problème de l'interdiction du travail de nuit se pose comme pour l'ouvrier urbain en chambre et soulève les mêmes difficultés, ou plutôt de plus grandes difficultés encore. En tant qu'il les accomplit, ce n'est donc plus un travailleur agricole que nous avons devant nous. — Eh bien, dira-t-on, qu'on lui interdise le labeur de nuit, en tant qu'ouvrier industriel ! — Nous y consentirions peut-être, répondrons-nous. Mais est-ce bien possible ? C'est ce dont nous doutons fort. Des raisons pressantes apparaissent à l'esprit dès qu'il serre d'un peu près ce problème, pour montrer l'inanité des efforts qu'on voudrait faire dans cette voie. Indiquons-les brièvement.

IV

Supposons pour un moment qu'il soit utile de protéger le travailleur agricole contre une excessive prolongation de la journée de labeur ou contre la tendance au travail de nuit. Il resterait à montrer qu'il est possible, en fait, d'organiser d'une manière efficace cette protection. Comment pourrait-elle être assurée ? On songera évidemment à prendre à cet effet des lois, décrets et arrêtés, et à faire contrôler leur exécution par un corps d'inspecteurs. On étendrait ainsi à l'agriculture le régime de l'inspection du travail qui existe dès maintenant dans l'industrie. Mais qui ne voit à quelles difficultés considérables cette extension se heurterait ? Le nombre des exploitations rurales est beaucoup plus grand que celui des usines, des manufactures, voire même des simples ateliers urbains. Ces exploitations rurales, en outre, sont disséminées sur un territoire très vaste, tandis que les industries urbaines sont concentrées sur une surface relativement restreinte. Ainsi, même au simple point de vue matériel, la tâche des inspecteurs du travail serait infiniment plus lourde dans l'agriculture que dans l'industrie ; leur nombre devrait être beaucoup plus grand, et par suite la dépense de l'Etat beaucoup plus forte ; on serait dans la nécessité de créer un rouage encore plus compliqué, plus pesant et plus coûteux que celui dont nous sommes actuellement dotés.

Et, qui pis est, ce nouveau rouage, on doit s'y attendre, aurait la plus grande peine à fonctionner sérieusement. Car il n'aurait pas seulement à vaincre ces difficultés matérielles que nous signalions à l'instant et qui tiennent au nombre et à la dispersion des exploitations rurales. Il aurait à lutter aussi contre une difficulté d'ordre moral que nous estimons plus grave encore. Elle tient au caractère particulier que présente chez nous, en France, la composition de la classe des travailleurs agricoles. On le sait en effet : dans notre pays, à la différence de ce qui a lieu dans la plupart des États étrangers, la majeure partie des travailleurs agricoles exploite le sol à son propre profit. D'après l'enquête agricole de 1892, publiée par le Ministère de l'Agriculture, il y avait en France, à cette date, 3.604.000 propriétaires faisant valoir, fermiers ou colons partiaires, tous travaillant pour leur bénéfice personnel, et seulement 3.058.000 ouvriers agricoles salariés. Dans ces conditions, tout projet de protection des travailleurs agricoles se heurte, chez nous, à une grave objection, sinon de principe, du moins d'application. C'est celle-ci : comment une semblable loi pourra-t-elle bien atteindre les chefs d'exploitation, qui sont la catégorie la plus nombreuse? On comprend qu'on interdise au patron de surmener son ouvrier ; mais lui interdira-t-on de se surmener lui-même, de travailler autant d'heures par jour qu'il lui plaît, de travailler même la nuit s'il lui convient ? Après tout, on pourrait peut-être trouver d'assez bons arguments théoriques pour le lui défendre. Il faut, dirait-on, le protéger contre lui-même, l'empêcher de détruire ses forces par une avidité mal comprise, de sacrifier l'avenir au présent. Admettons que la prohibition soit soutenable, en principe. Pourra-t-elle être mise en sérieuse application ? Aucunement. Les intéressés trouveront toujours moyen de l'éluder. Dans la grande industrie, sans doute, les interdictions légales sont appliquées, plus ou moins complètement. Mais c'est qu'on se trouve en présence d'une situation toute différente. Ces interdictions concernent le travail des ouvriers, et ceux-ci ont tout intérêt à ce qu'elles soient respectées, puisqu'ils sont protégés par elle. Il se font donc les auxiliaires des inspecteurs du travail. Mais dans l'agriculture, au contraire, il s'agirait de « protéger » les chefs d'exploitation contre eux-mêmes. Il va de soi qu'ils entreraient constamment en rébellion contre les inspecteurs, et ceux-ci ne sauraient sur qui s'appuyer pour triompher de leur mauvais vouloir.

Sur les ouvriers, dira-t-on peut-être : le chef d'exploitation a le plus souvent avec lui un ou plusieurs aides, soit salariés, soit membres de sa famille, qui peuvent ne pas vouloir être surmenés autant qu'il se surmène, et qui tendront à faire appliquer la loi. — Raisonner ainsi, répondrons-nous, c'est oublier l'étroite solidarité qui unit tous les membres de la famille agricole, et le lien, moins intime peut-être mais solide encore, qui, dans nos campagnes, attache l'ouvrier ou le domestique à son maître, chaque fois qu'il s'agit de tenir tête à l'intrusion des étrangers et tout particulièrement de l'autorité publique. Compter sur les subalternes pour faire appliquer une loi de protection aux exploitants, c'est, croyons-nous, se payer d'illusions.

Mais alors, ne pourrait-on pas songer à ne faire qu'une loi applicable aux seuls salariés ? — Il n'y faut pas penser davantage, à notre avis. Le travail de l'équipe agricole est indivisible, tout comme celui de l'équipe industrielle. Si le chef de famille et ses proches ont le droit de peiner aussi longtemps qu'ils le voudront, il est vain de chercher à en empêcher ses journaliers, car il ne les loue qu'à la condition qu'ils travailleront aussi longtemps que lui ; s'ils n'y consentaient pas, il les renverrait et souvent n'aurait pas de peine à en trouver d'autres plus dociles. Il faut donc que la règle soit la même pour tous ceux qui collaborent à une même œuvre. C'est précisément la raison qui, dans l'industrie, a fait récemment substituer un maximum unique d'heures de travail aux maxima variés de la loi de 1892. Dans l'agriculture pareillement, il est nécessaire de n'avoir qu'une seule règle pour les diverses catégories de collaborateurs. Nous venons de montrer qu'il y a une de ces catégories, celle des chefs d'exploitation, pour laquelle la limitation du travail est impraticable. Nous avons indiqué, pareillement, pourquoi et comment cette catégorie tend avec une force invincible à faire sur ce point la loi à toutes les autres. Concluons donc qu'il est impossible à l'heure actuelle de croire qu'une semblable limitation, si elle était édictée par la loi, passerait véritablement dans la pratique (1).

V

Les discussions qui précèdent nous permettent de formuler maintenant notre conclusion. Nous croyons qu'elle se dégage, en quelque sorte d'elle-même, de la convergence des résultats partiels auxquels nous avons abouti sur les divers points particuliers en lesquels se décomposait notre étude. En somme, soit que l'on envisage l'utilité théorique de la limitation de la journée de travail ou celle de l'interdiction du travail de nuit, soit que l'on cherche si ces deux mesures sont suscep-

______

(1) Il n'y a guère qu'un cas dans lequel elle pourrait être effectivement observée : ce serait celui d'une grande exploitation agricole occupant un nombre considérable de salariés. Mais il serait vraiment inique de faire une loi qui n'atteindrait qu'une catégorie restreinte d'exploitants, les grands propriétaires ruraux.

tibles d'une application effective, on est conduit, ce nous semble, à une conclusion négative en ce qui concerne l'agriculture. Dans le domaine proprement rural, toute mesure de cet ordre nous paraît donc à rejeter.

Qu'on entende bien la portée que nous attachons à cette conclusion. Nous ne voulons pas dire qu'il n'y ait jamais lieu, pour le législateur, d'intervenir en faveur du travailleur agricole. Nous trouvons, au contraire, qu'il pouvait le faire et qu'il a eu raison de le faire en ce qui concerne la réparation des accidents dont ce travailleur est parfois victime par suite de l'emploi des machines (1). Il pourrait se trouver telle autre espèce encore où une semblable intervention serait bienfaisante. Nous avons simplement tenu à montrer que, parmi les cas heureux d'action du législateur, il n'y a pas à placer celui où elle voudrait s'exercer pour limiter le labeur agricole.

Et cette solution elle-même, nous ne disons pas qu'elle soit vraie pour tous les temps et pour tous les lieux. Il peut y avoir des pays où l'Etat aurait de bonnes raisons pour légiférer sur la matière dont nous venons de nous occuper. Nous pensons seulement que la France, notre patrie, n'est pas au nombre de ceux-là... actuellement.

(1) Voir l'étude précédente sur *la Loi du 30 juin 1899*.

Un temps viendra peut-être où des modifications
dans le régime de la production (par exemple,
l'industrialisation croissante des procédés agricoles) ou des changements dans l'opinion publique
rendront nécessaire, en France même, une réglementation de la durée du travail rural. Mais cette
époque n'est pas arrivée encore, du moins nous
le croyons fermement.

Enfin nous tenons à dire qu'il importe de ne
pas généraliser la solution que nous avons cru
pouvoir donner sur le point particulier qui faisait
l'objet de notre rapport, et de ne pas l'étendre à
l'ensemble du problème soumis aux délibérations
du Congrès. De ce que l'intervention du législateur et de l'administration ne nous a paru ni utile,
ni possible en ce qui concerne la durée du travail
agricole, il ne faut absolument pas inférer qu'elle
ne le serait pas davantage en ce qui regarde la
durée du travail industriel. Ces deux catégories
de labeurs sont soumises à des conditions trop
différentes pour qu'on puisse raisonnablement tirer
une induction de l'une à l'autre. Nous-même avons
repoussé tout à l'heure l'assimilation, en refusant
de conclure de l'industrie à l'agriculture. Nous
admettrons donc sans aucune peine qu'on ne doit
pas davantage conclure de l'agriculture à l'industrie. Pour cette dernière la réglementation légale

de la journée de travail nous paraît avoir à l'heure actuelle beaucoup plus d'avantages que d'inconvénients. Tout ce que nous avons voulu faire dans le présent rapport, c'est limiter ce principe au domaine où il trouve son champ légitime d'application. Il nous semble qu'il ne peut lui-même qu'y gagner : car, en se renfermant dans ses véritables frontières, il apparaîtra plus certain, plus incontestable, et s'imposera davantage à tous les esprits.

L'Exode rural.

Etude sur un livre de M. Vandervelde. (*Société nationale d'agriculture*, procès-verbal de la séance du 18 mai 1904.)

M. René Worms. — J'ai l'honneur de présenter à la Société, de la part de l'auteur, M. Emile Vandervelde, un ouvrage intitulé : *L'Exode rural et le retour aux champs* (1). M. Vandervelde, membre de la Chambre des représentants de Belgique et professeur à l'Université nouvelle de Bruxelles, est, comme on sait, le leader du parti socialiste dans son pays. Son livre est donc tout naturellement inspiré par les idées générales du socialisme. Mais il renferme aussi un ensemble de faits et de chiffres sérieusement contrôlés, et ses visées sont au moins autant scientifiques que politiques. Voilà pourquoi, étranger personnellement au parti de l'auteur, j'ai cru pouvoir parler ici de cet ouvrage.

Il est d'ailleurs fort intéressant à connaître,

(1) Paris, Alcan, 1 vol. in-8, 304 pages, 1903.

parce qu'il défend avec talent une thèse qu'on est
peu accoutumé à entendre soutenir dans notre
Société. On considère d'ordinaire, parmi nous, la
dépopulation des campagnes comme un mal, et
c'est ainsi qu'elle est apparue dans le débat mémo-
rable qu'elle a provoqué à nos séances il y a peu
d'années, débat que connaît et cite d'ailleurs
M. Vandervelde. Mais pour cet auteur, au contraire,
ce phénomène serait plutôt bienfaisant. Ou du
moins, tout en ayant lui-même ses inconvénients,
il serait un remède à un mal beaucoup plus grand:
les souffrances des populations rurales. Analy-
sons brièvement son étude.

Il commence par constater la généralité du fait
dont il veut traiter. En Belgique, les paysans fla-
mands émigrent dans les provinces wallonnes ou
dans la France du nord. En Italie, les travailleurs
des champs se répandent dans nos départements
du midi ou vont peupler la République Argentine.
En Allemagne, les provinces de l'est sont le
siège d'un grand courant d'émigration vers la
Saxe. En Russie, la zone fertile de la « terre
noire » fait appel à des milliers de bras qui viennent des régions plus septentrionales.

M. Vandervelde se demande ensuite quelles
sont les causes de ce fait si répandu. Il cite parmi elles, comme tout le monde, l'attrait propre

de la vie urbaine, le service militaire, la facilité
actuelle des communications. Mais ce ne sont pas
là, à son sens, les raisons maîtresses ni surtout
initiales. « La cause première de l'émigration des
paysans, dit-il, c'est la ruine des campagnes,
c'est l'impossibilité pour leurs habitants d'y
trouver des moyens suffisants d'existence, surtout l'hiver. » Et cette ruine elle-même a plusieurs facteurs : le recul du faire-valoir direct,
de la petite propriété paysanne ; la disparition
des communaux ; celle des industries qui s'exerçaient à la campagne (telles que l'industrie linière
des Flandres) et qui s'arrêtent devant la concurrence des industries mécaniques de la ville ; enfin
la crise agricole de ces trente dernières années.

Quelles sont maintenant les formes que revêt
l'exode des ruraux ? M. Vandervelde en distingue
trois. C'est d'abord l'émigration permanente ou
définitive, celle par exemple qui peuple le Nouveau-
Monde de paysans irlandais, allemands ou ita-
liens. C'est ensuite l'émigration quotidienne, celle
des ruraux voisins des grandes villes, lesquels viennent chaque jour travailler dans les usines de
celles-ci, favorisés dans leur déplacement par le bon
marché des trains ouvriers. C'est enfin l'émigration
saisonnière, celle notamment des Belges qui se
rendent en France, de trois à neuf mois par an,

comme bûcherons, moissonneurs ou betteraviers.

Enfin, quelles sont les conséquences de ces diverses migrations ? M. Vandervelde ne dissimule pas les plaintes qu'elles soulèvent chez les propriétaires ruraux et les fermiers. Mais il estime qu'elles sont avantageuses pour les ouvriers, auxquels elles procurent de plus hauts salaires, auxquels même elles assurent parfois le seul moyen qu'ils aient de vivre, eux et leur famille, pendant l'hiver. Quant à la société tout entière, ces mouvements de population ont à la fois pour elle des inconvénients et des avantages. Des inconvénients : car la vie urbaine est moins saine que la vie aux champs et la mortalité urbaine plus élevée que la mortalité rurale. Mais aussi des avantages: car c'est surtout par son passage à la ville que le paysan s'instruit, qu'il s'ouvre aux idées modernes et aux principes démocratiques, qu'un peu de science et d'idéal pénètre en lui.

D'autre part, en face du phénomène de l'exode rural, M. Vandervelde place un autre grand fait, directement opposé. C'est celui, moins général d'ailleurs, du retour aux champs, pour une partie de la population urbaine. Les causes et les formes en sont multiples. D'abord, l'agriculture va s'industrialisant ; elle réalise ainsi plus de bénéfices et peut appeler à elle plus de bras ; par

exemple, l'établissement de distilleries et de sucreries agricoles permet d'employer, même pendant la mauvaise saison, les travailleurs des
champs. Puis, nombre d'usines urbaines se trans-
portent aujourd'hui à la campagne pour y trouver
une main-d'œuvre moins coûteuse ou y bénéficier
de la proximité de forces naturelles, telles que
la houille blanche. En outre, il se crée des colonies agricoles dans divers pays, surtout américains ou australiens, sous l'influence des idées
philanthropiques ou socialistes ; et en Angleterre, de grands fabricants de savon et de cho-
colat ont créé les cités-jardins de Port-Sunlight
et de Bournville. Enfin les bourgeois vont de plus
en plus passer leurs vacances à la campagne, et
un mouvement heureux tend aujourd'hui à assurer
le bénéfice de semblables vacances aux ouvriers
des deux sexes et de tout âge.

L'auteur conclut que l'idéal serait une pénétra-
tion réciproque de la vie rurale et de la vie
urbaine, la première plus saine pour le corps, la
seconde plus vivifiante pour l'esprit. Il compte sur
le progrès croissant des communications pour
réaliser chaque jour davantage cet idéal, dont nul
ne voudra sans doute méconnaître le caractère
élevé.

LA PROPRIÉTÉ AGRICOLE

Le collectivisme et la propriété rurale

La doctrine économique (1).

I

De toutes les écoles économiques, le collectivisme est celle qui fait les plus rapides progrès à l'heure actuelle. Qu'on s'en afflige ou qu'on s'en réjouisse, le fait est incontestable. Cette théorie vaut donc la peine qu'on l'examine sous tous ses aspects, à l'heure où elle paraît en train de conquérir le monde. Or, pendant longtemps, elle était restée presque exclusivement une théorie de l'économie urbaine. C'est sur la considération des phénomènes de la vie industrielle qu'elle avait été édifiée. La condition des ouvriers de fabrique, rendue précaire par le développement du machi-

(1) Etude présentée à la Société nationale d'agriculture le 24 avril 1901, et publiée par la *Revue internationale de sociologie*, dans son n° d'avril 1901.

nisme, avait ému les socialistes français de la première moitié du XIXᵉ siècle. Karl Marx, qui est à plus d'un égard leur successeur, avait à son tour appuyé ses raisonnements sur l'observation de la production dans les villes. Ses plus célèbres formules, la concentration des industries, le sur-travail et la plus-value, se réfèrent toutes à l'indus-trie manufacturière proprement dite. Toutefois, Marx déjà avait pris en considération certains faits de la vie rurale. Familier, comme il l'était, avec l'histoire économique de l'Angleterre, il avait suivi l'importante évolution qui dans ce pays a amené la constitution de la grande pro-priété foncière privée, au détriment des biens communaux. Fort au courant des théories de Ricardo, il avait consacré des pages à l'étude de la rente du sol. Enfin, il avait, appliquant ici sa méthode habituelle, conçu que le capitalisme, après avoir servi l'agriculture, s'y combattrait et s'y détruirait lui-même. Dans le dernier livre du *Capital*, il écrivait : « La rationalisation de l'agriculture, condition préalable de son exploi-tation sociale, et, d'autre part, la réduction à l'absurde de la propriété foncière, tels sont les deux grands services rendus par le mode de pro-duction capitaliste. Comme tous les autres pro-grès historiques, il les a fait payer par la paupérisation des producteurs directs (1). » Au fond, toute la théorie collectiviste de la propriété rurale, telle que nous allons avoir à l'exposer, est sortie de ces lignes. Mais ce n'est pas Marx lui-même qui l'a formulée intégralement. Préoccupé de gagner à son système les intellectuels et les ouvriers, il a surtout écrit pour eux, et naturellement, par suite, il s'est surtout attaché à ce qui les intéressait directement. Mais plus tard, lorsque le socialisme fut devenu un fort parti politique, ses chefs comprirent qu'ils ne pouvaient espérer la victoire définitive qu'en amenant à leur cause la grande masse des populations, laquelle, dans tous les pays de l'Europe continentale, se compose de travailleurs ruraux. Ils élaborèrent donc un programme agraire. Cette préoccupation apparaît en Allemagne dès 1891, au congrès d'Erfurth, et en France elle se traduit dès 1892 par le programme adopté au congrès de Marseille. Mais ce n'est pas de ces programmes que nous voulons, dans le présent travail, nous occuper ; c'est de la pensée qui les inspire, du système qui les domine. Leurs revendications, en effet, ne sont que l'écho, l'écho

(1) *Das Kapital*, III, 2, p. 156 (cité d'après Vandervelde).

affaibli, d'une théorie. Ils traduisent en formules
populaires des idées qui ont été élaborées par
des hommes d'étude. Mais ils ne les traduisent
qu'en les atténuant. Les auteurs de ces manifes-
tes politiques sentent, en effet, que la doctrine
collectiviste ne saurait être immédiatement
acceptée par le peuple des campagnes et ne peut
être introduite dans son esprit que peu à peu, et,
s'il est permis de parler ainsi, par petites doses.
Ils se bornent donc, pour le moment, à insister
sur un programme minimum, sauf à réclamer
plus tard, lorsque leurs premières exigences
auront été satisfaites et que l'opinion rurale se
sera familiarisée avec leurs conceptions, l'application intégrale des principes socialistes. Dans
ces conditions, il nous paraît évident que, pour
bien comprendre les programmes politiques du
collectivisme agraire, il faut remonter à la source
d'où ils dérivent, nous voulons dire aux théories
économiques, aux ouvrages des penseurs qui
appartiennent à cette école. C'est donc le résumé
de ces écrits que nous voudrions ici présenter. —
Or, ces théories, contenues d'abord en quelques
pages de Marx, puis développées fragmentaire-
ment par ses disciples, viennent de trouver leur
expression synthétique et complète (nous ne sau-
rions dire définitive) dans un ouvrage considéra-

ble d'un socialiste allemand assez connu, M. Karl
Kautsky. Les deux congrès socialistes de Francfort et de Breslau ont beaucoup discuté les questions rurales, sans aboutir à formuler d'une manière positive de nouvelles revendications. Ils ont
décidé que ces questions resteraient à l'étude et
seraient encore portées à l'ordre du jour des
prochains congrès du parti. C'est dans ces conditions et sans doute pour éclairer ses coreli-
gionnaires politiques, que M. Kautsky a publié
son ouvrage. Disciple direct et ami de Karl Marx
et de son collaborateur Frédéric Engels, dirigeant
à Berlin la plus importante des revues socialistes
allemandes (*Die Neue Zeit*), versé de longue
date dans les problèmes d'économie rurale et
familier avec les statistiques des divers pays,
M. Kautsky était qualifié pour présenter sur cette
question un travail qui fît autorité parmi les siens.
Son livre, *Die Agrarfrage*, paru en allemand
en 1899, a fait l'objet, dès l'année suivante, d'une
traduction française des plus fidèles (1). Presque
en même temps, un des chefs du collectivisme en
Belgique, M. Emile Vandervelde, député et professeur à l'Université Nouvelle de Bruxelles,

(1) *La question agraire*, étude sur les tendances de
l'agriculture moderne. Paris, Giard et Brière. 1 vol in-8°
de 460 pages, 1900.

publiait un ouvrage d'un caractère différent, mais qui concorde avec le précédent par ses tendances fondamentales (1). M. Kautsky traite des questions agraires en général ; sans doute il se réfère particulièrement à l'état de choses qu'il constate en Allemagne, mais les phénomènes dont il parle se reproduisent, pour la plupart, dans le monde entier. M. Vandervelde, au contraire, ne veut étudier que « la propriété foncière en Belgique », et c'est même ce titre qu'il a donné à son écrit. Un quart en est rempli par des monographies locales, une moitié par des monographies provinciales : les considérations d'ensemble n'y peuvent donc tenir qu'une place restreinte. Mais elles sont inspirées par l'esprit marxiste. Elles se rencontrent, sur ce point, avec celles de M. Kautsky, et bien qu'elles soient beaucoup moins développées, elles peuvent servir à celles-ci de confirmation. L'examen de ces deux ouvrages, joint à celui des principes généraux de l'école dont ils sont issus, nous permettra de comprendre l'attitude qu'à l'heure présente le collectivisme théorique prend en face de la question agraire.

(1) *La propriété foncière en Belgique.* Paris, Schleicher, 1 vol. in-8 de 327 pages, 1900.

II

Pour saisir les motifs déterminants de cette attitude, il est bon, croyons-nous, de rappeler un principe premier qui domine toute la philosophie sociale du collectivisme. Karl Marx a été disciple de Hégel, et il emprunte à celui-ci sa méthode dialectique. Pour Hégel comme pour Marx, le processus général de l'évolution historique peut toujours se résumer ainsi. La société humaine étant, à un moment donné, en un état A, il s'y différencie certaines forces qui développent un des traits de cet état, font qu'il l'emporte sur tous les autres, et amènent la société à un stade B que caractérise sa prédominance. Cette forme sociale nouvelle a ses avantages, sans quoi elle n'aurait pu s'établir. Mais elle a aussi, forcément, ses inconvénients. Elle provoque donc des mécontentements chez certains hommes, et par là elle excite des forces antagonistes, qui, prenant le dessus à leur tour, conduisent la société vers un état diamétralement opposé, C. Mais comme les forces qui tendaient vers B ont continué à agir, la lutte se poursuit entre elles et celles qui tendent vers C, jusqu'à ce qu'enfin une solution mixte intervienne et que ces deux séries de forces se composent, se combinent, pour amener définitivement la société à un état intermédiaire, D. Celui-ci reproduira dans une certaine mesure l'état initial A, mais en mieux : car de l'un à l'autre un progrès se sera effectué, la société aura gagné en complexité, en richesse, en conscience d'elle-même. Les termes de ce processus, que nous venons d'indiquer, ont reçu d'Hégel des appellations restées célèbres. Quand dans l'état d'indifférence primitif naît une tendance unilatérale accentuée, elle constitue la *thèse* ; puis se produit la tendance contraire, qui lui forme *antithèse* ; enfin vient la conciliation, qui constitue la *synthèse*. Dans l'histoire contemporaine on voit fréquemment cette conception d'Hégel se vérifier. Car bien souvent l'évolution politique des peuples modernes, ou plus simplement celle de telle ou telle de leurs institutions, peut tenir en ces termes : état d'équilibre, *action* en un sens, *réaction* en sens opposé, enfin *transaction*. Les révolutions et les contre-révolutions ne sont que le produit du jeu des thèses et des antithèses qui triomphent tour à tour.

Mais pour que le processus s'accomplisse, il n'est pas nécessaire que la société aille jusqu'au bout de la thèse ni jusqu'au bout de l'antithèse. Très souvent, l'état B n'a pas le temps de s'établir complètement: car dès que les forces qui conduisent vers lui entrent en jeu, elles provoquent la naissance de courants directement contraires qui leur résistent et les empêchent d'aboutir, de sorte qu'à aucun moment les unes ni les autres ne triomphent tout à fait, et que la synthèse s'opère avant qu'on ait pu voir régner seule toute la thèse ou toute l'antithèse. En d'autres termes, lorsqu'un régime tend à s'implanter, il suscite souvent des oppositions avec lesquelles il a à transiger immédiatement. Cela arrive surtout lorsque ce régime porte en lui-même des germes de faiblesse, lorsqu'il renferme des tares intérieures qui deviendront bientôt sensibles à tous les yeux. Car alors celles-ci vont se charger elles-mêmes de lui faire antithèse, de soulever contre lui les passions. Un tel régime souffre de contradictions internes, et il faut bien qu'il y succombe un jour. Le processus dialectique se réduira dans ce cas, à partir du point initial, à la naissance et au développement de ce régime, à la révélation et à l'amplification progressive de ces contradictions qu'il recèle, et en fin de compte à l'établissement d'un état transactionnel, où cela seul subsistera du régime nouveau qui n'aura pas trouvé en lui-même sa négation.

Tel est précisément pour Marx (qui ici applique l'hégélianisme en dehors des prévisions d'Hégel) le cas pour l'évolution générale du capital. Le capital proprement dit, c'est-à-dire suivant Marx la richesse qui permet à l'homme d'exploiter d'autres hommes, ne date guère que du xvie siècle ; car c'est seulement à cette époque que le régime du salariat s'est généralisé. Son développement depuis lors a pris des proportions considérables, et la société européenne a tendu à s'organiser tout entière sur la base « capitalistique », c'est-à-dire que le régime capitaliste a marqué de plus en plus son empreinte sur tous les rouages de la vie sociale. Voilà la thèse. Mais voici l'antithèse. Ce capitalisme souffrait intérieurement d'une contradiction. Le capital de l'un, en effet, tend sans cesse à s'opposer au capital de l'autre, pour l'engloutir finalement. Il en résulte que, peu à peu, les capitalistes sont expropriés les uns par les autres. Dans une société à base « capitalistique », tous ne peuvent donc être capitalistes, un nombre de plus en plus restreint peut seul le rester, et la restriction progressive de ce nombre amènera elle-même ces quelques privilégiés à demeurer sans force en face de la masse croissante de ceux qui n'ont rien et qui désirent. Le jour arrivera donc fatalement où la collectivité expropriera ces expropriateurs, et organisera sa vie économique sur le mode communiste. Ce sera la synthèse : car dans celle-ci subsistera ce qu'il y avait de bon dans le régime capitaliste, à savoir le capital lui-même, le merveilleux outillage que la production moderne a su se constituer ; et en même temps disparaîtra ce qu'il y avait de mauvais dans ce régime, à savoir le capitalisme individuel, l'appropriation privée de ces moyens de production, la main-mise de quelques-uns sur ces instruments nécessaires à tous, ce contre quoi protestaient précisément les défenseurs de l'antithèse, adversaires de la propriété spoliatrice. Cette synthèse nous ramènera dans une certaine mesure à l'état initial, où la force de travail de l'ouvrier n'était pas encore exploitée par le capital (1), mais non sans qu'un perfectionnement considérable ait été réalisé dans l'intervalle : car l'humanité aura, depuis cet état, considérablement accru son savoir et ses moyens d'action, et elle disposera de forces autrement parfaites pour la poursuite de ses fins et la réalisation de son bonheur collectif.

Voilà la théorie générale de Marx. Nous l'avons dégagée, non sans quelque peine, de ses propres

(4) Mais ne l'était-elle pas d'une autre manière, et beaucoup plus ? Là est une des grosses difficultés que rencontre le système marxiste.

ouvrages. Voyons comment ses disciples vont l'appliquer au problème spécial qui fait l'objet de nos investigations.

III

Le processus général que nous venons d'exposer est tout à la fois historique et logique : car pour Marx, comme pour Hégel, l'histoire n'est point faite d'accidents, elle est le développement rationnel de « l'idée », elle est, pourrait-on dire, un drame logique. Ce processus, qui est celui de l'évolution du capital sous toutes ses formes, s'appliquera donc au capital agricole comme à tous les autres ; ou, pour parler avec plus de précision, il s'appliquera à l'agriculture du jour où elle aura commencé à être capitaliste. Ce jour-là d'ailleurs arrive pour elle en même temps que pour l'industrie, au xvie siècle ; mais c'est au xixe surtout que le capitalisme mettra définitivement la main sur la production rurale, et que se placera pour celle-ci le nœud du drame logique dont nous parlions.

Le point de départ de toute cette évolution, en ce qui concerne l'agriculture, l'état initial A (pour reprendre les expressions dont nous nous servions tout à l'heure) se doit chercher dans la situation du monde rural telle qu'elle était à la fin du moyen âge. On se trouvait encore, à cette époque, au régime de « l'économie naturelle » : c'est-à-dire que la production était commandée, d'une façon immédiate et directe, par les besoins de consommation du producteur lui-même. Il n'y avait guère d'échanges, tout au moins d'échanges lointains, sauf pour quelques produits de luxe. Les denrées agricoles ne sortaient pas, d'ordinaire, du milieu très restreint où elles avaient été produites, des limites du domaine seigneurial, de la châtellenie ou tout au plus du comté, sur lequel le labeur du paysan les avait fait pousser. Défalcation faite d'une part prélevée par le seigneur, d'une autre qui était attribuée à l'église, le reste revenait au cultivateur lui-même, qu'il fût libre ou qu'il fût serf, et passait dans sa consommation et celle de sa famille. L'effort du cultivateur lui profitait donc directement, puisque la plus grande partie de son produit se retrouvait sur sa table. C'est là un résultat que les marxistes jugent excellent. Ils glissent assez volontiers sur les ombres que devrait offrir ce tableau, sur l'insécurité du travailleur en raison des guerres et des épidémies très fréquentes, sur les abus du régime seigneurial, sur la servitude à laquelle était liée une si forte partie de la population rurale. Ils ne signalent guère que ce côté avantageux de la situation : le paysan consommant directement ce qu'il a créé. A coup sûr, disent-ils, sa vie matérielle et morale était moins variée, moins large, moins riche qu'aujourd'hui, mais elle était, en un certain sens, plus sûre : il n'était pas atteint par le contre-coup d'événements se produisant aux antipodes, il ne demandait rien qu'au sol, n'espérait et ne craignait rien que du ciel et de son voisinage immédiat. S'il était souvent attaché à la glèbe, comme serf, la glèbe aussi lui était, en quelque sorte, attachée : car la coutume ne permettait pas qu'on le séparât d'elle. Lui et la terre, pour ainsi dire, ne faisaient qu'un.

IV

Cet état, considéré ici comme initial, se trouve modifié par la grande révolution économique de la Renaissance. L'ensemble des moyens de communication, surtout par mer, s'est beaucoup développé ; le Nouveau-Monde a été découvert ; la féodalité touche à sa fin ; sous l'égide de la royauté, les nations reconstituent leur unité ; la bourgeoisie s'élève ; l'or, venu en grande partie d'Amérique, abonde dans l'occident européen ; la circulation, à tous égards, devient plus aisée, plus rapide, plus ample. Par suite, au régime de l'ancienne « économie naturelle » va succéder un régime nouveau, celui de l' « économie d'échange ». Désormais les denrées vont pouvoir facilement s'exporter. Aussi chacun trouvera-t-il avantage à ne plus produire sur sa propre terre, à grand'peine, tout ce qu'il lui faut consommer, mais au contraire à n'y cultiver que ce qu'elle donne aisément ou en abondance, en faisant venir le reste d'autres régions, par échange avec ce que son sol lui donne en sus de ses propres besoins. Désormais, par conséquent, le cultivateur, de plus en plus affranchi des liens féodaux, va songer à produire pour le marché plutôt que pour lui-même. Des opérations commerciales vont suivre presque toutes les opérations agricoles. Le monde rural tend ainsi vers un état nouveau — l'état B — dans lequel les denrées, au lieu d'être consommées sur le domaine qui les a vues naître, sont transformées en argent ; celui-ci sert au cultivateur à acheter d'autres objets qui, eux, répondent à ses besoins personnels ou familiaux. L'argent devenant dès lors un intermédiaire nécessaire dans tous les actes de la vie rurale, on voit apparaître, dans l'agriculture, l'ère capitaliste.

Pourtant, il faudra attendre près de trois siècles encore avant que cette ère touche à son point culminant. C'est de nos jours que ce résultat est atteint. Le développement des capitaux a pris des proportions considérables au xixe siècle. Un outillage nouveau et puissant s'est constitué, grâce au progrès de la science. L'industrie manufacturière et l'industrie des transports en ont profité les premières. Mais, quand elles ont été en plein rapport, le capital a compris que, pour accroître ses revenus, il avait avantage à se porter dans une nouvelle direction, du côté de l'agriculture. Et c'est ainsi qu'est née la grande production rurale moderne, celle qui emploie de fortes sommes à une culture intensive et rémunératrice, celle qui multiplie sur le sol les semences sélectionnées, les animaux de choix, les engrais chimiques, les outils perfectionnés, les machines et les moteurs à vapeur ou électriques. Ces procédés ont singulièrement élevé les rendements, au grand profit de la consommation générale. Leur emploi a surtout été possible dans les grandes exploitations, et c'est pourquoi celles-ci marchent en tête de tous les domaines ruraux dans la voie du progrès, de « l'industrialisation » croissante des procédés agricoles. Les marxistes vantent fort la grande production rurale, au détriment de la petite. Ils défendent ici une opinion analogue à celle qu'ils professent ailleurs à l'égard des divers types de production urbaine. Ils trouvent les mèmes avantages à la concentration du sol qu'à celle des ateliers industriels. Ces avantages, tels qu'ils nous apparaissent à la lecture du livre de M. Kautsky, sont à la fois d'ordre technique ou économique et d'ordre proprement social.

Les avantages économiques et techniques que signalent les marxistes ont été relevés par d'autres qu'eux, bien des fois déjà. Ce sont, pour suivre l'énumération de M. Kautsky (1) : 1° la réduction de la surface non cultivée, grâce notamment à la suppression des clôtures ; 2° l'économie d'hommes, d'animaux et d'instruments, car il n'en faut pas autant pour mettre en valeur une propriété de cent hectares que pour en exploiter dix de dix hectares chacune ; 3° l'entière utilisation de tous les objets, parce que sur un grand domaine chaque chose peut trouver un emploi approprié ; 4° la pos-

---

(1) Kautsky, ouv. cité, trad. franç., p. 158.

sibilité d'employer avec avantage des machines,
qui sur une petite surface seraient trop coûteuses
eu égard aux services qu'elles rendraient ; 5° la
faculté de pousser plus loin la division du travail,
tant entre les diverses parties d'une même exploitation, qu'entre les propriétés différentes, de façon
à faire produire à chacune ce que son sol et sa
situation comporte de préférence, et de façon à
amener dans chacune, par sa spécialisation, le
travail agricole à sa perfection ; 6° la direction
confiée à des agronomes ayant fait des études
techniques d'un ordre élevé ; 7° la supériorité
commerciale, tenant aux facilités plus grandes
d'achat de matières premières et de vente des
produits ; enfin 8° un crédit plus considérable et
moins chèrement payé.

Tout cela semble exact et l'on n'est pas étonné
d'entendre les collectivistes s'approprier de semblables considérations. Mais, en revanche, on a
quelque lieu d'être surpris, au premier abord, en
les voyant faire l'éloge de la grande propriété,
même au point de vue social. Il semblerait que ces
écrivains, d'inspiration toute démocratique, dus-
sent être, à ce dernier égard, tout à fait favorables à la petite exploitation. Et pourtant il n'en
est rien. M. Kautsky reproche à celle-ci d'être
pour le paysan la source de bien des misères.

Quand il compare le petit producteur rural autonome à l'ouvrier qui cultive le grand domaine d'autrui, et surtout à l'ouvrier des villes, il déclare la condition du premier pire que celle des autres. Car, dit-il, pour le premier, le surmenage est plus grand et la vie plus parcimonieuse, justement parce qu'il faut travailler et économiser davantage quand on vit à son propre compte. Le profit aussi, tout compte fait, est souvent moindre que le salaire du travailleur à gages. L'instruction, d'autre part, et même la moralité, sont peut-être également inférieures. La petite propriété ne donne point le bonheur à ceux qui la possèdent, et elle ne fait pas d'eux une classe sociale bien élevée. En face de la grande, elle ne présente donc que des inconvénients. C'est cette dernière qui seule se prête vraiment aux formes modernes rationnelles d'exploitation du sol, c'est elle qui seule rend possible, avec l'élévation des rendements, l'accroissement du bien-être collectif.

V

Ainsi, le capitalisme, en s'appliquant à l'agriculture, lui a rendu un service important : il lui a permis d'augmenter considérablement sa production. Mais, en même temps, il l'a jetée dans des embarras extrêmes. Et c'est ici justement que se révèle la contradiction interne dont il est affecté, qu'en face de la thèse qu'il représente va forcément se dresser une antithèse issue d'elle-même. Les inconvénients qu'offre pour l'agriculture le mode d'exploitation capitaliste, tels que les relèvent MM. Kautsky et Vandervelde (1), sont innombrables. Mais ils se ramènent tous, en fin de compte, à une idée centrale : c'est que le capitalisme s'oppose à lui-même, c'est qu'il engendre, par son propre développement, des forces qui vont le combattre. Sans entrer dans le détail de toutes les applications que comporte cette idée, indiquons-en quelques-unes à titre d'exemples.

Le capital actuel étant possédé individuellement, tous veulent en avoir une part. C'est pourquoi le législateur a établi, dans la plupart des pays occidentaux, la division égale des biens successoraux entre les enfants du décédé. Cette disposition multiplie le nombre de propriétaires, de ceux par conséquent qui doivent être intéressés au maintien du principe de la propriété privée. Seu-

---

(1) M. Kautsky, dans chaque chapitre de son ouvrage; M. Vandervelde, particulièrent page 293.

lement du même coup, elle émiette cette propriété, elle divise les vastes domaines, elle rend impossible la conservation de la grande exploitation. Or, celle-ci, nous venons de le voir, est de l'essence du régime capitaliste : elle est nécessaire pour assurer les hauts rendements qui font la force de ce régime. En la détruisant par sa loi successorale, ce régime se détruit donc lui-même.

D'un autre côté, l'extension des propriétés individuelles s'est poursuivie au détriment des anciennes propriétés collectives. Par le fait de l' « enclosure » en Angleterre, de la vente des biens communaux en France lors de la Révolution, les communes rurales se sont vues privées de leurs domaines antiques, et leurs habitants ont perdu les droits d'usage qu'ils y exerçaient de temps immémorial. Le résultat a été la « prolétarisation » croissante du petit paysan. Mais, avec sa misère, s'est accru son mécontentement. Souffrant de l'état de choses actuel, il aspire à le renverser. Il contrecarre de tous ses efforts le grand propriétaire, ou bien il émigre à la ville. Le capitalisme, de la sorte, divise les campagnes ou les dépeuple.

Cette émigration du paysan vers les villes a encore d'autres causes. Ce sont, notamment, les charges fiscales, qui sont ou, du moins, paraissent plus lourdes aux champs. Or, ces charges tiennent surtout au coût élevé de l'administration des grands Etats et de leurs armées, double organisation dont la bourgeoisie, au dire des socialistes, profite presque seule, car celle-ci a pour but de maintenir sa suprématie. — Mais ce sont aussi, et peut-être principalement, les attraits qu'offrent les villes. Le salaire y est plus élevé, d'ordinaire, qu'à la campagne ; la vie, plus variée ; les occasions de plaisir ou de profits, plus nombreuses. Le paysan, surtout quand il est dégrossi par l'instruction primaire et qu'il a passé par le régiment, c'est-à-dire par une ville de garnison, ne veut plus mettre la main à la charrue, il se fixe dans une cité. Par là, les bras sont enlevés à la culture qui en aurait besoin. Les exploitations agricoles, notamment les grandes exploitations, ne trouvent plus le nombre d'hommes qui serait utile à leur fonctionnement. Le développement du régime capitaliste, en favorisant les villes au détriment des champs, se porte ainsi à lui-même un coup fatal, puisqu'il prive les capitalistes terriens d'une partie des auxiliaires sans lesquels ils ne peuvent mettre en valeur leurs domaines.

C'est encore une conséquence de ce régime — et non la moins grave — que la concurrence actuelle que se font les pays de production des

deux mondes. Nous avons vu le capitalisme, dès
ses débuts, se manifester à l'agriculture par l'ou-
verture des marchés. A ses phases suivantes, il
s'est caractérisé par l'extension de ces marchés.
Les denrées d'une province, d'abord vendues dans
cette province même, ont pu ensuite se répandre
dans tout l'Etat, puis dans les pays voisins ;
aujourd'hui elles parviennent jusqu'aux confins du
monde habité. Seulement, en même temps, la
recherche du profit a fait ouvrir à la culture des
terres nouvelles. Les deux Amériques, les Indes,
l'Australie, même l'Afrique, se sont mises à produire des denrées jadis propres à l'Europe. Elles
ont pu en exporter sur ce continent. Et comme le
coût de la production est moins élevé chez elles
que sur notre vieux sol, elles ont pu les vendre
meilleur marché que ne sauraient le faire nos
cultivateurs, d'où une baisse considérable du prix
de tous nos produits agricoles. C'est en cela
principalement qu'a consisté la crise rurale qui
sévit sur l'Europe depuis quelque vingt-cinq années. Cette crise n'est pas particulière à la France :
l'Allemagne, la Belgique, l'Angleterre, en souf-
frent comme notre pays. C'est au capitalisme
qu'il faut, disent les collectivistes, en faire
remonter la responsabilité, car il l'a provoquée
en poussant à la production dans tous les coins

du globe et en imprimant à la circulation une activité fiévreuse.

Enfin, ne voit-on pas que les exploitants du sol sont, en tous pays, même dans ces pays neufs si favorisés à d'autres égards, les victimes d'un mal incurable ? Ils n'ont pas, ils n'ont nulle part autant de capital qu'il leur en faudrait. Ils sont obligés de s'adresser à autrui pour s'en procurer la quantité indispensable. Et par suite ils sont réduits à se mettre sous la dépendance d'autrui. Cette dépendance prend, suivant les cas, deux formes différentes. Tantôt le propriétaire loue sa terre à un fermier ou à un métayer et celui-ci doit alors lui servir un revenu : l'exploitant n'obtient donc la disposition du capital foncier que contre une prestation très lourde. Tantôt, au contraire, le propriétaire fait personnellement valoir ; seulement, le plus souvent, il ne dispose pas lui-même de tout le capital-argent qui lui serait utile pour arrondir son domaine, pour acheter du bétail ou des instruments ; il se tourne alors vers un prêteur, qui lui fait les avances nécessaires, mais qui, en retour, se fait servir de gros intérêts et prend hypothèque sur sa terre. En somme, le propriétaire foncier absentéiste exploite le fermier et le propriétaire foncier faisant valoir est exploité par le prêteur de deniers. On pourrait donc dire, si l'on ne craignait de faire un détestable jeu de mots, que les exploitants de la terre sont surtout, d'après les socialistes, des exploités du capital. Au fond même, pour le collectivisme, cette formule pourrait peut-être servir à résumer toute la question. Le capital, pour lequel les agriculteurs combattent, les écrase, et ainsi, comme le Saturne de la mythologie antique, il ne peut vivre qu'en dévorant chaque jour quelqu'un de ses enfants.

VI

N'y a-t-il pas pourtant des remèdes à ces maux ? Les souffrances des agriculteurs sous le régime actuel sont-elles inévitables et ne sauraient-elles être conjurées par des réformes ? Des mesures législatives avisées et modérées ne suffiraient-elles pas pour porter l'aisance dans les campagnes ? Les socialistes ne le pensent point. Pour eux, la contradiction est fondamentale et ne peut être détruite que par un renversement complet de l'ordre de choses actuel. Tout ce qu'on propose par ailleurs n'est qu'un vain palliatif.

L'examen des projets de loi récents d'intérêt agricole va nous le montrer.

Comme remède au morcellement excessif du sol, on a conseillé d'introduire en France et en Belgique une législation imitée de celle du « homestead » américain, qui créerait des biens de famille indivisibles et inaliénables. M. Vandervelde, à la Chambre des représentants de Belgique, a parlé contre ce système, si nous sommes bien renseigné (1). Il lui reproche de tendre à ramener les Belges à l'ancien régime. C'est qu'en effet certains pourraient songer à s'abriter derrière lui pour rétablir en fait les majorats et le droit d'aînesse, pour restaurer des traditions féodales. En France aussi, les propositions de cet ordre n'ont pu jusqu'ici aboutir, et elles se sont toujours heurtées à l'opposition des partis démocratiques les plus avancés. Ceux-ci ne veulent pas se prêter à la réalisation d'une réforme qui consoliderait le capitalisme en réduisant le nombre de ses bénéficiaires.

Pour les biens communaux, on a fait de sérieux efforts, en ces dernières années, afin de les reconstituer. Il ne semble pas que les socialistes

(1) Voir la revue *La Réforme Sociale* du 1ᵉʳ avril 1901, article de M. Georges Blondel.

aient beaucoup poussé dans cette voie. Entre autres, M. Kautsky déplore, dans son ouvrage, tout l'espace que les forêts et la vaine pâture enlèvent à l'agriculture proprement dite et regrette de voir le domaine forestier se reformer en France. Ici donc, nos auteurs font prévaloir l'intérêt de l'exploitation du sol sur celui de la restauration de la propriété collective. Ou plutôt, sans doute, ils les croient inséparables l'un de l'autre et ils jugent inutile de procéder à la création de domaines communs qui ne seraient pas destinés à la culture des produits servant directement à l'alimentation humaine (1).

Quant à la dépopulation des campagnes, tous les moyens tentés pour réagir contre elle leur paraissent bien insuffisants. M. Kautsky en énumère une série (2). On pourrait songer, dit-il ironiquement, à limiter l'instruction des paysans, pour éviter que celle-ci ne les détourne des travaux des champs. Mais c'est ce qu'on n'ose pas faire et c'est ce que l'esprit du temps ne permettrait pas de réaliser. A défaut d'ouvriers ruraux

(1) En France, M. Paul Lafargue demande la reconstitution des biens communaux; mais il ajoute qu'ils devraient être loués par les communes à des familles de cultivateurs pauvres.

(2) Ouvrage cité, chapitre IX.

indigènes, on a plusieurs fois fait appel à des
ouvriers étrangers. Seulement, c'est un procédé
qui est forcément limité dans son application. Il
suppose, en effet, qu'il y a quelque part des cam-
gagnes où la population surabonde, et c'est ce
qui bientôt n'existera plus, quand les villes
« tentaculaires » auront exercé partout leur
attrait. On pourrait encore, pour garder sur place
les ouvriers indigènes, leur procurer des avantages accessoires au salaire agricole. Notamment, les grands propriétaires qui les emploient
pourraient leur céder en propriété et à bon marché
de très petites parcelles, en vue de les attacher
au sol. M. Kautsky constate qu'ils le font parfois,
et c'est par là qu'il est tenté d'expliquer ce phénomène si curieux, révélé par les dernières statistiques de divers pays et notamment de la France,
que la très petite propriété croît actuellement en
même temps que la grande (très légèrement d'ailleurs) au détriment de la petite et de la moyenne.
Mais ces procédés mêmes paraissent insuffisants
pour fixer au pays les bénéficiaires. Il semblerait
plus sûr d'augmenter le salaire en argent de ces
journaliers. Ce serait peut-être efficace. Seulement, c'est ce à quoi les grands propriétaires paraissent ne pouvoir se résigner qu'à la dernière
extrémité, c'est-à-dire généralement trop tard.

Enfin, en dehors des journaliers, il y a de petits cultivateurs autonomes qu'il serait intéressant de retenir au village. Pour cela, on a songé à constituer ou à reconstituer des industries qu'ils pourraient exercer à domicile pendant les périodes hivernales, où le travail des champs ne les absorbe pas, par exemple l'industrie textile, celle des jouets, celle de l'horlogerie, etc... Mais, ici encore, les socialistes ont des critiques à faire. Nulle industrie, disent-ils, n'est plus fatale au travailleur que cette petite industrie à domicile et aux pièces. C'est elle qui l'expose le plus aux dangers du « sweating-system ». Il se surmène, il travaille nuit et jour dans de mauvaises conditions hygiéniques, et néanmoins, comme il a pour concurrent l'industrie mécanique des villes, il ne saurait arriver qu'à une production restreinte et peu rémunérée. L'inspection du travail ne pourrait s'appliquer à lui, les lois sur la durée du travail et sur ses conditions ne le protègeraient pas en fait. Il s'épuise donc sans profit, et ce n'est pas ainsi qu'on peut espérer le garder à la campagne.

La concurrence étrangère, à son tour, a provoqué diverses mesures de défense, dont les principales sont les droits de douane à l'importation et les primes à la production. Les socialistes sont hostiles à ces mesures, car, disent-ils, elles renchérissent le coût de la vie dans le pays qui les adopte, au grand détriment des classes laborieuses. De plus, elles ne sauvent pas les cultivateurs, car elles les endorment dans une sécurité trompeuse et empêchent qu'ils ne s'évertuent, pour se défendre eux-mêmes, à produire davantage. D'ailleurs, les droits de douane sont insuffisants pour compenser les avantages énormes qu'a l'agriculture des pays neufs : sol non épuisé, rente à payer au propriétaire du sol nulle ou peu élevée, charges fiscales et militaires très restreintes, dépenses infimes pour engrais et parfois pour main-d'œuvre, facilités pour user des machines. La crise rurale ne sera donc pas conjurée par ce procédé. Il peut tout au plus améliorer pendant quelques années la condition de quelques cultivateurs. Il ne saurait sauver bien longtemps les classes rurales de l'Europe tout entière.

Reste enfin le fâcheux dualisme de l'exploitant et du propriétaire, ou du propriétaire et du prêteur, en tous cas du détenteur du capital foncier et du détenteur du capital mobilier. Ce qu'on a jusqu'ici proposé de meilleur pour y parer, c'est l'association des paysans, c'est la coopération entre cultivateurs. Déjà les sociétés coopératives ont fait leur apparition dans l'agriculture, soit sous la forme de coopératives de crédit (on n'a qu'à citer les caisses rurales du type Raiffeissen), soit sous celles de coopératives de production et de vente. Mais M. Kautsky ne leur est pas extrêmement favorable. Il pense qu'elles ont surtout jusqu'à présent profité aux grands ou tout au plus aux moyens propriétaires, beaucoup plutôt qu'aux petits. Ce qui empêche leur plein succès, c'est qu'il subsiste chez leurs membres trop de l'esprit d'individualisme à outrance, que le régime capitaliste a développé. La coopération vraie veut un esprit de solidarité qui ne sera, dit-il, réellement développé qu'en régime socialiste. D'ailleurs, à supposer que des coopératives entre petits propriétaires puissent réussir, elles feraient simplement d'eux des cultivateurs plus riches. Ils se transformeraient alors, très probablement, d'exploités en exploiteurs. On voit dès maintenant, dans les villes, les coopératives de production formées entre ouvriers, lorsqu'elles prospèrent, fermer leurs cadres, n'admettre plus de nouveaux membres, mais embaucher des ouvriers salariés qu'elles ne traitent pas mieux que ne le font les patrons ordinaires. Les coopératives agricoles agiraient sans doute de même, et par conséquent elles n'apporteraient aux populations rurales qu'un soulagement momentané, auquel succèderait bientôt, pour le plus grand nombre, une cause d'oppression de plus. Les socialistes ne sauraient donc voir leur développement d'un œil favorable. Aussi, dans l'agriculture comme dans l'industrie, ils traitent les coopérateurs en rivaux plutôt qu'en auxiliaires.

VI

. Tous les remèdes précédents étant écartés, il reste aux socialistes à indiquer leur solution personnelle des difficultés qui pèsent sur l'agriculture. Cette solution est radicale et simple, au moins dans sa formule. Elle est d'ailleurs la même que celle qui, d'après eux, doit mettre fin aussi aux malaises de l'industrie et du commerce. C'est la socialisation des moyens de production. Les collectivistes n'en parlent d'ordinaire qu'avec une certaine réserve, imitant en cela l'exmple de Karl Marx, qui a toujours préféré critiquer le présent à décrire l'avenir. Mais on voit bien que, dans leur pensée, cette socialisation devrait être totale. La collectivité deviendrait seule propriétaire du sol, des édifices, des machines, du bétail, de l'argent, des capitaux aussi bien mobiliers que fonciers, en un mot de tout ce qui contribue à créer les produits. Quelle serait cette collectivité ? On répond d'ordinaire : l'Etat. M. Kautsky pourtant a bien soin de dire que çe serait plutôt, dans nombre de cas, la commune (1) ; mais il ne trace pas la ligne de démarcation entre les propriétés nationales et les propriétés communales de l'avenir. Et que resterait-il à l'individu dans ce système ? Bien que nos auteurs ne le disent pas, on peut le déduire des principes généraux du collectivisme. L'État ou la commune mettrait les moyens de production à la disposition de l'individu, et celui-ci aurait la jouissance de son produit, réserve faite d'une part qui reviendrait à la collectivité propriétaire, pour l'entretien et l'amélioration de son capital, et pour la satisfaction des besoins de ceux que l'âge ou la maladie aurait empêchés de collaborer à l'œuvre productive. Dans ce régime donc, en somme, chacun recevrait, en règle générale, « selon ses œuvres ». C'est ce principe qui différencie le système collectiviste du système des communistes anarchistes, qui réclament également la socialisation des

(1) Ouvrage cité, conclusion.

moyens de production, mais qui demandent de
plus la socialisation totale des produits, et pour
lesquels chacun doit recevoir « selon ses besoins »,
c'est-à-dire sans autre limite que ses appétits. Le
collectivisme, on le voit, est plus modéré. Il se
flatte d'apporter, par sa solution, la juste conciliation de l'antinomie actuelle entre les droits de
l'État et ceux de l'individu : l'État devant avoir la
propriété des moyens de production, l'individu gardant celle des produits, dans la mesure où il a
contribué à les créer, ou du moins recevant leur
équivalent exact en satisfactions de toutes
sortes (1). Il pense aussi que, par l'application de sa
formule, tous les maux qu'engendre actuellement
le capitalisme seraient radicalement guéris. Ce
serait le cas notamment pour ceux que nous énu-

(1) Une autre différence entre le collectivisme et le communisme résulte de celle-là. D'après le communisme pur,
chacun sera seul juge de ses besoins : aucune autorité ne
sera donc utile, ni admise. Avec le collectivisme, au contraire, l'évaluation des services de chacun sera forcément
remise à une autorité sociale, dont les pouvoirs seront
considérables. L'école marxiste essaie — assez vainement,
semble-t-il — de prouver qu'il n'en résultera pas de danger pour les libertés publiques, en disant que l'autorité
n'aura pour rôle que « l'administration des choses, et non
le gouvernement des hommes. »

mérions tout à l'heure. La question de l'héritage ne se poserait plus : les capitaux, en effet, seraient sortis du domaine de la propriété privée, et ce ne sont guère que des capitaux qu'on songe à léguer aux siens. La reconstitution des biens communaux serait chose faite. La dépopulation des campagnes s'arrêterait d'elle-même. Celles-ci, en effet, seraient devenues aussi semblables aux villes que la nature des choses le permet : le travail agricole, grâce aux perfectionnements de la science, serait pleinement industrialisé ; les travailleurs ruraux seraient traités, dans la répartition des produits, aussi équitablement que les ouvriers urbains ; la culture intellectuelle et les plaisirs ne leur seraient pas plus ménagés qu'à ces derniers ; ils n'auraient donc aucun avantage à émigrer à la ville. La concurrence étrangère ne serait plus à craindre : car les divers États s'entendraient pour régler la production générale au mieux des besoins de l'humanité ; chaque pays se livrerait aux cultures les plus appropriées à son sol, et des échanges équitables se feraient entre toutes les régions productives. Enfin, il va sans dire qu'on ne verrait plus la rivalité du capital mobilier et du capital foncier, ni l'exploitation de l'un par l'autre, tout le capital étant remis à la collectivité, qui ne saurait se faire concurrence ni tort à elle-même. Telles sont du moins les conséquences hautement avantageuses qu'on se promet de l'avènement du régime socialiste. S'il se réalisait, en somme, il accomplirait, suivant les règles du processus historique hégélien, la synthèse du droit de l'État et du droit de l'individu. Il conserverait ce qu'il y a d'utile dans le capitalisme, à savoir l'intensité de la production, en éliminant ce qui s'y trouve de funeste, à savoir l'exploitation de l'homme par l'homme. Il ramènerait le principe excellent de l'ancienne « économie naturelle », le droit direct du producteur sur son produit, mais en l'élargissant singulièrement, en le tempérant par l'action du principe nouveau et fécond de l' « économie d'échange », la circulation mondiale de tous les produits. Il hériterait, à la fois, de tout l'actif du présent et de tout le legs du passé, sans être grevé — rare privilège — des lourdes charges qui pesèrent sur tous deux.

Voilà, en bref, à ce qu'il nous a paru, la conception socialiste. Nous nous sommes efforcé de la dégager des écrits de ses plus notables représentants et de l'exposer avec impartialité, « *sine ira et studio* », sans malveillance et sans engouement. Convient-il, maintenant, de la juger? Notre opinion individuelle n'aurait qu'une valeur subjective. Il est, pour les doctrines économiques, une autre forme de critique qui porte plus, parce qu'elle est impersonnelle et objective. C'est celle qui sort des faits eux-mêmes. Ces doctrines, en effet, ne restent pas confinées dans le cerveau des penseurs. Elles inspirent des programmes politiques, des essais d'actions sociales. Tel a été le cas du système collectiviste. Plusieurs partis se sont constitués, qui ont pris ses formules pour mot d'ordre. Or, ces programmes et ces tentatives de réalisation sont éminemment intéressants pour l'histoire même de la doctrine, parce qu'ils nous la montrent aux prises avec le concret, au contact duquel elle a dû abandonner bien de ses aspirations. Nous la jugerons donc mieux à travers leur histoire, à laquelle nous devons consacrer une autre étude.

———

Un résumé de cette seconde étude a été présenté à la Société nationale d'agriculture, le 1er mai 1901. Mais elle n'avait point été écrite dans sa totalité. Nous ne pouvons donc que reproduire ici la note sommaire que le Bulletin de la Société lui a consacrée (année 1901, p. 397).

M. René Worms continue la communication sur

« le collectivisme et la propriété rurale », qu'il avait commencée à la précédente séance. Dans la première partie de son étude, il avait envisagé la doctrine économique du collectivisme. Dans la seconde, il en considère les théories politiques. Celles-ci devraient n'être que les applications de la première. Elles en diffèrent pourtant profondément. La doctrine collectiviste demandait la socialisation du sol et des moyens de production. En passant sur le terrain de la lutte politique, les socialistes abandonnent ces revendications et acceptent l'appropriation individuelle. La doctrine, d'autre part, se montrait favorable à la grande exploitation. Les programmes politiques des socialistes, au contraire, fulminent contre celle-ci et déclarent défendre la petite propriété. D'où vient ce changement d'attitude ? Il pourrait être assez facile de l'expliquer par des raisons électorales. Mais les socialistes en donnent une raison théorique. Ce que leur doctrine économique réprouve, disent-ils, c'est la propriété capitaliste, qui est l'opposé de la vraie propriété individuelle ; « celle-ci (pour citer l'un d'entre eux) est un moyen de travailler ; celle-là, un moyen de faire travailler ; l'une est une forme de la liberté, l'autre une forme de la servitude ». La première dissocie le travail et la propriété, la seconde les maintient réunis : cette dernière ne mérite donc pas l'anathème, et si, par la force des choses et de l'inéluctable évolution, elle est condamnée à disparaître, le socialisme ne doit pas précipiter sa disparition, mais plutôt tâcher d'adoucir son agonie.

M. René Worms montre que, sur ce fondement, les partis socialistes ont pris une attitude politique favorable, croient-ils, à la classe des petits propriétaires et surtout des journaliers agricoles, dans les divers pays d'Europe. En France, ils ont, à plusieurs reprises, réclamé en faveur de ces catégories sociales des mesures protectrices. Le parti ouvrier français, dans ses Congrès nationaux tenus à Marseille, en septembre 1892, et à Nantes, en septembre 1894, a arrêté un programme agricole en dix-huit articles. Celui-ci contient d'abord une série de demandes fort justifiées, mais qui n'ont rien de spécialement socialiste : assistance médicale dans les campagnes, allègement des droits de mutation, réduction du taux de l'intérêt, abaissement des tarifs de transport pour les produits agricoles, revision du cadastre, cours gratuits d'agronomie. Mais il renferme aussi des revendications propres au parti, et dont plusieurs sont extrêmement contestables, tant au point de vue de l'équité qu'à celui des possibilités de réalisation ; tel est le cas pour celle que formule l'article premier : « minimum de salaire fixé par les syndicats ouvriers agricoles et par les conseils municipaux », sans l'intervention des patrons, et pour celle que contient l'article 5 : « caisse de retraite agricole pour les invalides et les vieillards, alimentée par un impôt spécial sur les revenus de la grande propriété ». Plus tard, en 1897, dans le grand débat soulevé à la Chambre des députés par son interpellation sur la crise agricole, M. Jaurès a proposé, à côté de mesures plus justifiées, la fixation d'un maximum de durée pour la journée de travail agricole et l'acquisition par l'Etat de toutes les créances hypothécaires. En 1900, M. Mirman a demandé que le principe de l'assurance obligatoire fût étendu aux exploitations agricoles pour toutes les personnes qu'elles emploient et pour tous les accidents possibles. Il semblerait pourtant rationnel d'attendre que le régime, institué par la loi du 9 avril 1898, eût fait complètement ses preuves dans l'industrie urbaine, pour l'appliquer à l'agriculture. En somme, toutes ces propositions introduiraient dans notre législation des règles qui choqueraient les défenseurs de notre organisation sociale actuelle, sans contenter les partisans du collectivisme absolu.

La Propriété paysanne

Etude sur un livre de M. A. Souchon, publiée dans la *Revue internationale de sociologie* en novembre 1899.

L'enseignement de l'économie rurale a été récemment introduit dans les Facultés de droit françaises et l'on peut s'attendre à ce que cette mesure aide beaucoup cette fraction de la science à gagner en étendue et en précision. Bien que les cours sur cette matière ne datent que de deux ans, l'un des maîtres qui en sont chargés vient déjà de publier une étude rentrant dans cet ordre d'idées. M. Souchon, alors professeur titulaire d'histoire des doctrines économiques et d'économie politique à l'Université de Lyon, actuellement professeur-adjoint à l'Université de Paris, avait l'an dernier fait paraître une intéressante monographie sur *les Théories économiques dans la Grèce antique*, que notre *Revue* analysa à sa date. Il vient de donner un nouveau témoignage de son activité scientifique par la publication d'un volume sur *la Propriété paysanne* (1). Peut-être,

(1) A. Souchon, *la Propriété paysanne, étude d'économie rurale*. Paris, Larose, 1899, 1 vol. in-8 de 257 pages.

à vrai dire, ce nouvel ouvrage eût-il gagné à être plus longuement revu, au point de vue de la forme, car d'assez nombreux détails y laissent à désirer (1). Mais il n'est aucunement douteux que, tel qu'il est, il représente déjà le résultat de recherches sérieuses et approfondies et que ses conclusions s'imposent, sinon à l'adhésion, du moins à l'attention de tous ceux auxquels n'échappe pas la haute importance du problème de la répartition de la terre pour notre démocratie française.

L'auteur commence par indiquer qu'en matière de propriété rurale il faut toujours distinguer la grande, la moyenne et la petite propriété, et il rappelle les divers critères qui ont été proposés pour délimiter ces trois catégories : l'étendue du terrain, son revenu, son mode d'exploitation, la condition sociale de son propriétaire. Il adopte, pour sa part, un critère composite et il définit, par exemple, la moyenne propriété, celle « dont

(1) Ainsi, page 132, on lit (lignes 19 et 20) : « Le petit propriétaire n'a plus qu'un os à ronger dans le créancier à la moelle » (sic). M. Souchon emploie cette expression : « le foncier » page 130 (ligne 9) pour désigner l'impôt foncier, et page 137 (note 2) pour désigner le Crédit foncier de France. Un même livre est cité par lui sous plusieurs titres différents, etc.

la récolte doit être assez abondante pour nourrir
le maître et sa famille, à la double condition que
cette famille ne soit pas excessivement nombreuse
et que tous ses membres consacrent leur activité
aux soins de l'exploitation ». C'est cette propriété moyenne qui lui paraît la plus digne d'être
encouragée. Au point de vue social, elle forme
une classe de paysans propriétaires très réfrac-
taires à la propagande collectiviste ; plus diffusée,
elle ralentirait le mouvement d'émigration des
campagnes vers les villes ; aidée par une réforme
des lois successorales, elle contribuerait à l'accroissement de la population française. Au point
de vue proprement économique, en ce qui concerne le rendement, elle paraît à l'auteur présenter de réels avantages tant sur la petite propriété, qui manque de ressources, que sur la
grande propriété, où le stimulant de l'intérêt personnel n'agit pas avec la même intensité. Il est
vrai que cette dernière a des supériorités tenant
à ce qu'elle peut faire plus d'avances, comporter
d'importantes industries annexes, pousser plus
loin la division du travail ; mais cette division est
chose bien moins importante en agriculture qu'en
industrie et, sur les deux autres points, la
moyenne propriété peut facilement tenir tête si
ses détenteurs savent s'associer et coopérer. En

un mot donc, c'est elle qui est, pour notre auteur, la forme de propriété qui répond le mieux aux besoins sociaux et économiques de notre temps et de notre pays, et c'est à elle qu'il réserve, dans toute la suite de son travail, le nom de « propriété paysanne » par excellence.

Maintenant, cette moyenne propriété paysanne, quelle place occupe-t-elle dans l'ensemble de la France? Comme population, M. Souchon estime qu'elle comporte un million de paysans propriétaires, soit, avec leurs familles, quatre millions d'habitants. Comme étendue, elle couvrirait environ dix millions d'hectares, soit un peu moins du quart de la superficie cultivée de notre pays. Comme valeur, elle représenterait environ quinze milliards sur un total de soixante-dix correspondant à l'ensemble de la propriété rurale française. Enfin, au point de vue évolutif, elle n'aurait cessé de se développer, depuis le début de ce siècle, aux dépens des autres formes de proprieté foncière. Toutes ces conclusions sont appuyées sur des documents statistiques interprétés par le raisonnement. Il va de soi qu'il demeure ici des incertitudes et des doutes — comme il arrive chaque fois qu'on est en présence de statistiques de ce genre. Beaucoup des chiffres indiqués n'ont peut-être eux-mêmes pour base que des constatations insuffisantes. De plus, ils prêtent d'ordinaire à des explications divergentes. Mais l'auteur a su en faire une critique dont les résultats nous paraissent d'ordinaire satisfaisants et l'on peut penser que, dans leurs grandes lignes tout au moins, ses inductions sont très vraisemblables.

Seulement, si la moyenne propriété paysanne a ses avantages, M. Souchon ne dissimule pas qu'il existe des ombres à son tableau. Cette propriété souffre d'abord de la dispersion des parcelles. Elle est, en outre, assez fortement grevée par l'impôt, surtout par la contribution foncière et les droits de transmission, et l'auteur s'efforce de préciser en quelle mesure ces charges pèsent spécialement sur elle. Enfin, elle doit supporter le fardeau d'une dette hypothécaire considérable, quoique moindre que celle dont les types de propriété similaires se plaignent dans nombre de pays étrangers.

Dans ces conditions, il importerait que le législateur intervînt en faveur de cette propriété si digne d'intérêt. On l'a fait au dehors. On s'est efforcé, en divers pays d'Europe, de créer la moyenne propriété là où elle n'existait pas (par la diffusion des « small-holdings » en Angleterre et des « Rentengüter » en Allemagne) et de la conserver, de la défendre là où elle existait (par des mesures d'inaliénabilité et d'insaisissabilité, telles que le « homestead » américain, ou bien d'indivisibilité successorale, telles que l' « Anerbenrecht » allemand. En France, les propositions de loi déposées dans ces dernières années par M. l'abbé Lemire et par M. Siegfried tendaient en partie au même but. Le mieux à faire serait, selon M. Souchon, de s'attaquer directement aux trois charges, signalées plus haut, qui grèvent la propriété paysanne. On combattrait la dispersion des parcelles en facilitant le remembrement, sans le rendre obligatoire. Dans les dégrèvements de l'impôt foncier, on s'inspirerait moins des intérêts de la petite et surtout de la très petite propriété (comme on l'a fait récemment) que de ceux de la moyenne ; on retoucherait les droits qui frappent les successions, les ventes (pour les rendre plus proportionnels), les partages d'ascendants. On devrait aussi diminuer le coût des formalités hypothécaires. Il y aurait là, d'après notre auteur, un ensemble de remèdes à la crise agraire plus modeste sans doute que l'organisation d'un régime bimétallique international, mais pourtant, à ce qu'il pense, plus topique et, par suite, plus recommandable.

Pour notre part, nous estimons qu'il convient, au législateur, de ne s'engager qu'avec une

extrême prudence dans la voie des mesures ten-
dant à favoriser une classe sociale aux dépens des
autres. Mais, puisque c'est la voie dans laquelle,
depuis un certain temps, le législateur français
est entré résolument, à l'imitation de l'étranger,
nous pensons que les mesures préconisées par
M. Souchon sont parmi les plus réfléchies, les
plus modérées et les plus sages qu'il pourrait
adopter. En tous cas, ce livre a réuni et mis en
œuvre une certaine quantité de documents des
plus utiles ; il agite des problèmes de la première
importance et propose pour eux des solutions
très acceptables ; il fait, en somme, honneur à
celui qui l'a écrit.

Le Bien de famille insaisissable

Communications faites à la Société nationale d'agriculture.

I. — LE HOMESTEAD AMÉRICAIN (1)

La Société n'ignore pas que M. le Ministre de l'Agriculture vient de saisir le Conseil d'Etat d'un projet de loi portant création de biens de famille insaisissables. Il m'a paru intéressant de rechercher quels sont les précédents sur lesquels ce projet pourrait s'appuyer et quel est l'état de cette importante question à la date où M. le Ministre propose pour elle une solution. Je voudrais examiner successivement : 1º cette institution elle-même dans le pays où elle a pris naissance, les Etats-Unis d'Amérique ; 2º les institutions de divers pays d'Europe, notamment l'Allemagne, qu'on en a parfois rapprochées à plus ou moins bon droit; 3º ce qui, en France

(1) Séance du 20 janvier 1904.

même, prépare, appelle ou contrarie l'introduction d'un régime semblable. Ce pourront être là les sujets d'autant de communications distinctes. Pour aujourd'hui, je me bornerai à l'étude de la première de ces trois questions.

Tout le monde connaît, au moins de nom, le homestead des Etats-Unis. Ce qu'on sait peut-être moins, c'est qu'il existe sous ce nom, dans ce pays, deux législations assez nettement différentes l'une de l'autre. L'une a été établie par les Etats particuliers qui composent la Confédération ; l'autre est un ensemble de textes votés, pour l'Union tout entière, par le Parlement fédéral. Leurs buts et leurs effets ne sont point les mêmes.

La première a pour objet principal de protéger le foyer contre les saisies des créanciers. L'Américain du Nord tient essentiellement à ce foyer, presque toujours séparé, pour lui, de l'atelier de travail. On sait son dicton : *My home is my castle*. Mais il faut bien entendre ce qu'est pour lui le foyer. La notion du foyer, dans les races anglo-saxonnes, n'est point du tout identique à la notion de famille chez les races latines. Le foyer n'a pas, comme la famille, l'extension indéfinie dans le temps, ni la stabilité dans l'espace. Il n'est destiné qu'à abriter une génération : le père, la mère et leurs enfants mineurs. Et il se déplace fréquemment, dans ces Etats-Unis où chacun est prêt à changer chaque jour de profession et de résidence, pourvu qu'il y trouve son compte. A vrai dire, la protection législative du foyer est établie surtout au profit de la femme mariée. En ce pays, la femme n'a d'ordinaire ni dot, ni profession. Elle risque sans cesse de se trouver ruinée par l'effet des crises de spéculation, si fréquentes, qui peuvent du jour au lendemain atteindre son mari et le précipiter de l'opulence dans la misère. C'est contre les conséquences extrêmes de ce désastre qu'on a voulu la protéger par la loi du homestead, en lui garantissant au moins la conservation d'un minimum nécessaire à la vie. Et c'est, semble-t-il, une pensée analogue qui a inspiré, dans le même pays, le développement prodigieux des assurances sur la vie contractées au profit de la femme.

Le premier Etat qui ait adopté cette loi du homestead, c'est le Texas. Il l'a fait en 1836-39, à une époque où il constituait une République indépendante déjà détachée du Mexique et non encore agrégée aux Etats-Unis. Une crise extrêmement violente venait de sévir aux Etats-Unis et beaucoup de ceux qu'elle avait ruinés s'étaient réfugiés au Texas. Pour encourager cette immigration, on décida de mettre le *home* de chacun à l'abri de la saisie. Un peu plus tard, le Texas étant entré dans la confédération, sa législation se répandit, de proche en proche, à travers les Etats-Unis, et aujourd'hui il n'y a plus que six Etats qui n'en aient pas adopté le principe, en face d'une quarantaine qui l'admettent. Seulement, il faut reconnaître qu'une grande diversité règne entre ces Etats. Leurs législations ne sont, presque sur aucun point, totalement identiques. Nous ne pourrons donc que dégager ici les traits généraux qui leur sont à peu près communs à toutes.

Pour constituer un homestead, il faut d'abord être chef de famille, c'est-à-dire marié, ou bien veuf ou divorcé avec enfants, ou bien encore soutien de famille. Il faut ensuite occuper une maison ; mais il n'est pas nécessaire d'en être propriétaire ; un droit réel quelconque, ou même un droit personnel, suffit : le locataire peut ainsi se faire protéger par la loi du homestead, en ce sens que son droit au bail sera insaisissable.

Dans nos idées françaises, il semble indispensable, pour faire échapper un foyer à la saisie pour dettes, pour créer ce privilège à l'encontre des créanciers, que quelque chose intervienne en vue de prévenir les tiers intéressés, et ce quelque chose ne nous paraît pouvoir être qu'une déclaration publique, inscrite sur des registres officiels. Nombre d'Etats de l'Union ont, en effet, organisé une semblable publicité. Mais une quantité à peu près égale n'en a pas fait de même. On a estimé chez ceux-ci que le seul fait de l'occupation publique et continue d'une maison devait suffire à prévenir les créanciers qu'elle est insaisissable et on n'a rien demandé de plus.

L'exemption de saisie ne peut naturellement profiter qu'à une somme de biens assez restreinte. Certains Etats lui ont donné une limite en étendue : elle varie, suivant les dispositions, entre 40 et 240 acres (l'acre valant 40 ares) ; elle n'est pas la même pour les biens ruraux et pour les biens urbains, ce qui crée une question très délicate pour le cas où des immeubles, d'abord ruraux, viennent à être ensuite englobés dans le périmètre d'une ville. D'autres Etats ont préféré fixer une limite en valeur : ils ont pour celle-ci différents chiffres, qui se tiennent entre 300 et 5.000 dollars ; mais, là encore, surgit une question fort embarrassante et que les juges tranchent en sens divers, celle de savoir ce qui doit arriver quand un homestead, primitivement constitué avec une valeur inférieure au maximum légal, arrive ensuite à dépasser ce dernier par l'effet d'améliorations successives.

L'effet de la loi, à l'égard du homestead, est double. D'abord le homestead ne peut pas être saisi pour dettes posterieures à sa constitution. Mais cette règle comporte de multiples exceptions. Elle ne peut être opposée ni à l'Etat, créancier des impôts, ni au vendeur du bien qui n'a pas été payé de son prix, ni à l'ouvrier qui a amélioré le fond, ni à la personne qui est créancière du propriétaire du homestead en vertu d'un délit ou d'un quasi-délit de celui-ci. — Mais la loi produit encore un autre effet. Le bien constitué en homestead ne cesse pas totalement d'être aliénable et hypothécable. Seulement le mari ne peut ni vendre ni consentir sur lui une hypothèque sans le concours de sa femme. Voilà une disposition qui prouve bien que c'est surtout dans l'intérêt de la femme mariée que toute cette législation est établie.

Si maintenant le mari vient à décéder, le homestead reste insaisissable au profit de sa femme et de ses enfants, jusqu'à la majorité du dernier de ceux-ci. Il n'est pas soumis au partage forcé jusqu'à cette même majorité. Mais sa constitution ne crée pas par elle-même un droit successoral spécial. Elle ne fait échec, en principe, ni à la liberté de tester du père de famille, ni à la règle du partage égal de sa succession *ab intestat* entre ses enfants. Elle peut seulement retarder la mise à exécution des mesures que leur application entraîne.

Le bénéfice du homestead se perd par l'éloignement de la famille qui quitte son homestead, par l'acquisition d'un second (car nul ne peut en avoir deux), par la vente ou l'engagement hypothécaire, par la renonciation du titulaire à son bénéfice. S'il y a doute, les tribunaux décident généralement en faveur du maintien du homestead.

Tels sont les traits essentiels de la législation du homestead, en tant qu'elle résulte des constitutions ou des lois des Etats particuliers composant l'Union. Mais, avons-nous dit, à côté de cette législation, il en existe une autre qui est commune à toute la Confédération. Celle-ci, qui émane du Parlement de Washington, consiste essentiellement dans l'*act* du 20 mai 1862 et dans les textes postérieurs qui l'ont amendé.

Le but principal de cette législation n'est pas de protéger le foyer ou la femme; ce n'est point dans un intérêt privé qu'elle est établie. C'est l'intérêt public qu'elle a principalement en vue; sa fin est d'assurer la colonisation des parties de l'Union qui ont encore besoin d'être mises en valeur. Déjà une loi de 1841, dite loi de préemption, due aux efforts du sénateur Benton, avait consolidé le titre des occupants du sol dans la mesure de 160 acres pour chacun. La loi de 1862, qui ne passa qu'après une longue résistance dans les deux Chambres et malgré l'opposition du président James Buchanan, vint faire plus. Elle accorda sur le domaine public, soigneusement cadastré, une concession gratuite de 160 acres (ou 80 acres dans les terres particulièrement fertiles) à quiconque la demanderait, sous les seules conditions d'être chef de famille ou âgé de vingt et un ans, d'être citoyen de l'Union ou en instance de naturalisation, et de n'avoir pas porté les armes contre l'Union (exigence qui se comprenait au moment de la guerre de sécession et qui a été supprimée depuis lors). La concession est enregistrée et n'est soumise qu'à un droit de dix dollars pour frais. Elle n'est que provisoire pendant cinq ans ; mais durant ce temps elle est insaisissable même pour dettes antérieures. Après cinq ans d'occupation effective, elle devient définitive, et est alors régie par les lois formant le droit privé de l'Etat où elle est située. Des amendements postérieurs à cette loi vinrent décider que ces concessions ne seraient plus accordées qu'aux personnes ne possédant pas déjà 160 acres à un titre quelconque, et exigèrent de tout demandeur en concession le serment qu'il entendait acquérir pour lui-même et non pour autrui. En 1866, on avait rendu ces concessions accessibles aux gens de toute race et de toute couleur. En 1873, on en facilita l'acquisition aux anciens soldats et marins. Dès 1865, on en avait accordé aux membres des tribus indiennes qui renonçaient à la vie errante. Il faut noter, d'autre part, que la loi forestière de 1873, rapportée en 1891, crée des homesteads spéciaux dans les régions forestières, cumulables avec les autres homesteads ; et enfin que la loi sur les terres désertes de 1877 crée des concessions payantes pouvant aller jusqu'à 640 acres dans les parties tout à fait incultes de quelques Etats.

Quels ont été, en somme, les résultats de toutes ces dispositions législatives ? Pour les juger équitablement, une distinction s'impose. Les lois fédérales ont, de l'aveu de tous, produit un bon effet. Elles ont permis, depuis trente ans, l'attribution d'au moins un million de concessions sur le domaine public. Elles ont amené la mise en valeur de territoires plus grands que la France. Sans doute il y a des colons qui n'ont pas réussi et ont dû quitter le sol où ils avaient tenté de s'établir. Mais bien d'autres ont prospéré, et au total l'Amérique s'est peuplée, la civilisation a remplacé le désert.

Plus discutable est le résultat des lois portées dans les Etats particuliers de l'Union. Les au-

teurs américains en parlent peu ; les écrivains
français qui traitent de la matière sont divisés.
Certains louent sans réserve ces lois protectrices
du foyer. D'autres, tout en approuvant leur principe, observent qu'elles ont eu pour effet de faire
monter le taux de l'intérêt (car le prêteur est plus
exigeant quand son gage est moins sûr) et qu'elles
sont la source d'innombrables procès. D'autres
enfin estiment qu'elles ont été inefficaces : dans
les Etats de l'Est, disent-ils, elles sont pour ainsi
dire sans application, la statistique démontrant
qu'on n'y recourt pas ; dans les Etats du Sud,
elles n'ont pas empêché la décadence et la ruine
de se consommer ; les Parlements locaux qui les
ont adoptées ne se faisaient pas illusion sur leur
portée, ils ont seulement voulu « faire quelque
chose pour le peuple » ou plutôt paraître le
faire.

Ce qui est certain, c'est que ces mesures ont
fini par s'introduire peu à peu dans presque tous
les Etats de la Confédération, et que même elles
se sont fait recevoir au Canada. Dans ce dernier
pays, la législation fédérale du Dominion et celle
de plusieurs Etats particuliers les ont adoptées.
Mais il faut dire que c'est sur la législation fédérale
des Etats-Unis, sur l'*act* de 1862, qu'elles ont
pris modèle. Les homesteads qu'elles ont établis

sont des terres du domaine public, offertes en prime aux colons. Ce qu'il s'agissait d'accomplir dans ce pays encore en partie vierge, c'était une œuvre de défrichement et de mise en valeur. En somme, l'expérience ne paraît complètement probante, au Canada comme aux Etats-Unis, qu'en ce qui concerne la colonisation et en faveur du homestead constitué par l'Etat. Quant au homestead constitué par des particuliers, sur des terres leur appartenant antérieurement, sa valeur reste soumise aux controverses.

II. — Les Hœferollen allemands (1).

Ayant entretenu la Société, dans la précédente séance, de l'institution du homestead aux États-Unis, je voudrais dire un mot des institutions européennes que l'on a, avec plus ou moins de raison, rapprochées de celle-là.

En Allemagne, d'après les traditions du vieux droit saxon, le domaine foncier du défunt passait, du moins en majeure partie, à un seul de ses descendants, l'Anerbe. Celui-ci indemnisait ses cohéritiers par des soultes en argent. Les princi-

(1) Séance du 27 janvier 1904.

pes du droit français, soutenus par la Prusse, voulaient au contraire le partage égal du sol entre tous les enfants. Ils ont d'abord refoulé l'Anerbenrecht ; mais la loi du 2 juin 1874 a dû concéder au Hanovre l'institution des Hœferollen, registres fonciers sur lesquels le propriétaire peut faire inscrire sa terre, qui, dès lors, sera soumise à l'Anerbenrecht. Des dispositions analoont été adoptées dans divers États de l'Allemagne, ainsi que pour une série de provinces prussiennes : Schleswig-Holstein, Brandebourg, Silésie, Westphalie. On en applique aussi aux biens de colons créés dans la province de Posen, par la loi du 8 juin 1896. Le Code civil allemand (art. 64 de la loi d'introduction) a maintenu sur ce point en vigueur les législations locales. Bien que différentes dans les détails, elles ont, en principe, les traits communs suivants. L'Anerbe n'est pas forcément l'aîné des fils ; c'est parfois le plus jeune. Il a droit, au décès de son auteur, à un préciput, qui est d'ordinaire du tiers des biens. Sur les deux autres tiers, il concourt avec ses cohéritiers pour une part virile. Il prend le domaine principal ; mais si celui-ci excède les valeurs cumulées de son préciput et de sa part virile, il doit des soultes à ses copartageants. Les règles adoptées pour le mode de calcul des soultes sont assez favorables à l'Anerbe. Aujourd'hui, il n'est souvent tenu de les payer qu'en rentes et non pas en capital. Mais, s'il vend le domaine dans les vingt ans, il est déchu de son préciput, qu'il doit rapporter à la masse successorale ; et chacun de ses cohéritiers peut exercer une sorte de retrait lignager à l'encontre de son acquéreur. L'application de toutes ces règles est subordonnée à l'inscription du domaine par son propriétaire sur les Hœferollen. L'inertie des paysans empêche souvent cette inscription, même dans les districts où cette institution est le plus en faveur. Aussi ses partisans demandent-ils qu'elle soit obligatoire.

L'une des conséquences de cette législation successorale est de grever l'Anerbe de dettes envers ses cohéritiers. Quelque faveur que la loi lui ait témoignée, ces charges sont très lourdes à porter. Elles constituent la source principale de la dette hypothécaire, si considérable en Allemagne, où elle atteint 50 p. 100 de la valeur du sol en moyenne et 75 p. 100 en certaines régions.

On peut rapprocher de ces dispositions la loi autrichienne de 1889 sur l'Anerberencht, la loi de 1891 sur l'inaliénabilité des terres en Pologne, les dispositions de la loi roumaine sur l'inaliénabilité trentenaire des lots attribués par elle aux paysans, la loi serbe de 1873, etc.

III. — LA QUESTION DU BIEN DE FAMILLE EN FRANCE (1).

La Société m'a fait l'honneur précédemment d'écouter avec une bienveillante attention les deux communications que je lui présentais sur le homestead américain et sur les Hœferollen allemands. Je voudrais aujourd'hui terminer cette série en l'entretenant de ce qu'est, en France même, la question du bien de famille insaisissable.

Voyons d'abord les précédents juridiques qu'on peut invoquer à l'appui d'une semblable institution. Dans l'ancien régime, la saisie a longtemps été inconnue. S'agissait-il de la terre d'un paysan ? Ses créanciers, s'il en avait, ne pouvaient au moyen âge la faire vendre, car ils se heurtaient, d'abord au droit éminent du seigneur, puis aux droits collectifs du village et de la famille. Ce n'est guère qu'à partir de la complète unification

(1) Séance du 10 février 1904.

de notre pays et de sa soumission au régime législatif des ordonnances royales que se généralisa la procédure de la saisie.

Elle est complètement et fortement établie dans les codes napoléoniens. Et cependant ceux-ci connaissent des exceptions : ils font échapper certains biens du débiteur à cette mesure d'exécution. Déjà des lois de l'époque révolutionnaire, les lois du 8 nivôse an VI et du 22 floréal an VII, avaient édicté l'insaisissabilité des rentes sur l'État, dans l'intérêt du trésor public, il est vrai. Le Code civil rend insaisissables les rentes viagères qui ont été constituées à titre gratuit avec cette clause (article 1981) et les biens compris dans une substitution exceptionnellement permise (art. 1048). Le Code de procédure civile déclare insaisissables les traitements des fonctionnaires dans une mesure à fixer par des textes spéciaux (art. 580). Il décide, pour tous les débiteurs, qu'en cas de saisie devront leur être laissés leurs habits, leurs lits, leurs instruments de travail, leurs livres et quelques têtes de bétail (art. 581 et 592). On ne saurait non plus oublier que le Code civil, en organisant le régime dotal, a compris l'insaisissabilité parmi les corollaires de l'inaliénabilité de la dot immobilière, et que le Code de commerce, en limitant la responsabilité des actionnaires des sociétés par actions à leurs apports, a rendu le reste de leur patrimoine insaisissable du fait des dettes contractées par la société.

Postérieurement aux Codes, bien des extensions ont été données au principe d'insaisissabilité. La jurisprudence a reconnu la validité des clauses d'insaisissabilité insérées dans les dons et legs. La loi du 20 juillet 1886 a rendu insaisissables les pensions constituées par la Caisse nationale de retraites pour la vieillesse. Celle du 21 janvier 1895 a édicté l'insaisissabilité des salaires qui ne dépassent pas deux mille francs. Celle du 9 avril 1898 a fait de même pour les indemnités accordées aux victimes d'accidents du travail. On doit rapprocher de ces textes les deux lois du 30 novembre 1894 (art. 8) et du 31 mars 1896 (art. 3) sur les habitations à bon marché, lesquelles ont permis, en cas de décès du propriétaire d'une semblable habitation, d'en maintenir pendant un certain temps l'indivision forcée entre ses cohéritiers et de l'attribuer à l'un d'eux sur estimation sans licitation. Enfin, dans des régimes spéciaux, on peut signaler l'application du principe d'insaisissabilité au domaine congéable, tenure rurale très répandue en Basse-Bretagne, et aux habous ou fondations pieuses qui existent en Tunisie.

Pourquoi aujourd'hui demande-t-on une extension nouvelle de ce principe et propose-t-on la création de biens de famille insaisissables ? Les raisons morales et économiques qu'on fait valoir en ce sens sont surtout les suivantes : 1° Il est inique que la famille soit privée de son abri et risque de se voir désorganisée par suite d'une saisie et d'une vente de son foyer traditionnel. 2° Les frais des ventes judiciaires sont tels, que, s'ils achèvent la ruine du débiteur saisi, ils dépouillent aussi le créancier saisissant; l'État et les officiers ministériels y gagnent seuls. 3° Il importe d'arrêter la dépopulation des campagnes, l'afflux vers les villes et le vagabondage ; or tous ces faits ont en partie leurs causes dans l'expulsion des débiteurs saisis, qui deviennent des déracinés, des déclassés.

Ces arguments n'ont pas convaincu la majorité de l'école économique libérale. Elle répond que le crédit est une nécessité primordiale pour le producteur, aux champs comme à la ville ; que, pour obtenir du crédit, il faut offrir un gage à son créancier ; que le gage du paysan, c'est sa maison et son champ ; que, si on les rend insaisissables, on l'expose à ne plus trouver de prêteurs.

A ces objections il y a des répliques. D'abord, certains esprits pensent que le crédit est plus nuisible qu'utile au paysan. Puis, ceux mêmes qui ne partagent pas ce sentiment répondent que le crédit rural tend aujourd'hui à se transformer : de réel il devient chaque jour davantage personnel ; au lieu de reposer sur les biens de l'emprunteur, il repose sur ses qualités. En cela, il suit l'évolution de crédit commercial. Et le législateur a aidé à ce mouvement, en favorisant les caisses régionales et locales de crédit agricole mutuel. — D'ailleurs, ajoute-t-on, l'intérêt bien compris du créancier lui-même n'est-il pas que le paysan obéré reste titulaire de son exploitation, pour qu'il en tire des produits lui permettant de payer sa dette ? N'est-ce pas ainsi que le commerçant malheureux peut être, à la suite d'une liquidation judiciaire, maintenu à la tête de ses affaires ?

Toutes ces raisons ont paru probantes en France à d'assez nombreux législateurs. Aussi, dans ces dernières années, plusieurs propositions de loi portant création de biens de famille insaisissables ont-elles été déposées sur le bureau de la Chambre, par MM. Jules Leveillé, l'abbé Lemire, Hubbard, etc. Entrant à son tour dans ces vues, M. le Ministre de l'Agriculture a récemment envoyé au Conseil d'Etat un projet de loi sur ce sujet. Sans entrer dans l'examen de ces divers textes, nous voudrions seulement, au terme de cette étude, préciser la position des divers problèmes que le législateur va avoir à résoudre.

Convient-il, d'abord, de créer des biens de famille insaisissables, et faut-il étendre du domaine mobilier, où il a déjà de larges applications, au domaine immobilier, le principe de l'insaisissabilité ? Si on s'y décide, faut-il le faire au profit des agriculteurs seuls, ou au profit de tous les citoyens ? Ne risquerait-on pas, en adoptant la première solution, de paraître édicter un droit de classe, un privilège ? L'insaisissabilité du bien de famille doit-elle être le droit commun de la propriété foncière et exister partout *de plano* ? ou faut-il au contraire, pour l'établir, une déclaration expresse du propriétaire ? En ce cas, à quelles conditions celle-ci sera-t-elle subordonnée ? Faudra-t-il le concours de la femme ? Faudra-t-il une publicité, et laquelle ? Quels effets produira la constitution du bien de famille ? Jusqu'à quelle valeur sera-t-il insaisissable ? Qui pourra invoquer cette insaisissabilité ? A quels créanciers sera-t-elle opposable ? Entraînera-t-elle l'impossibilité d'aliéner et d'hypothéquer le bien ? Celui-ci restera-t-il indivisible et insaisissable après le décès du constituant ? Des faveurs

lui seront-elles consenties par la loi fiscale ?
Autant de questions sur lesquelles une discussion,
au sein de la Société nationale d'agriculture,
jetterait peut-être quelques lumières.

Les restes de la co-propriété villageoise.

Communications faites à la Société nationale d'agriculture.

LA VAINE PATURE (1).

I

L'un des droits les plus curieux que consacre la législation rurale de la France est le droit de vaine pâture. C'est le droit d'envoyer ses troupeaux paître sur le terrain d'autrui, une fois la récolte faite et quand cet acte, par suite, ne peut plus nuire beaucoup au propriétaire du sol pacagé. Ce n'est pas, comme on le croit souvent, le droit d'envoyer ses troupeaux paître sur le terrain communal : ce dernier droit n'est pas contesté à l'habitant de la commune, du moins lorsque le terrain communal n'est pas affermé ; mais il est d'une autre nature juridique que la vaine pâture, car

(1) Séance du 11 octobre 1905.

sur le terrain communal le villageois propriétaire des bestiaux est en partie chez lui-même ; il est aussi d'une autre valeur, car il s'exerce toute l'année, lorsque les terrains communaux sont des prairies, et il constitue par suite pour les troupeaux, non pas une faible, une « vaine » pâture, mais, au contraire, une abondante, une « vive » pâture.

Toutefois, si on remonte aux origines, on constate que ces deux droits, vaine pâture et vive pâture, ont une même source. Tous deux sont issus de la primitive copropriété de village. Il fut un temps — pendant le haut moyen âge — où la propriété du sol appartenait au village tout entier, considéré comme une communauté, et réserve faite des droits du seigneur. Cette communauté est allée en se désagrégeant au cours des siècles, sous l'influence des forces individualistes. Mais il en a subsisté deux choses : d'une part, les terrains communaux, avec le droit de vive pâture pour les villageois ; d'autre part, la facilité pour chacun de ceux-ci d'user, après la récolte, du terrain devenu propre à son voisin, c'est-à-dire le droit de vaine pâture.

Dès lors, il n'y a pas lieu de chercher longuement, comme l'ont fait nombre d'auteurs, de quelle manière et pour quelle raison la vaine pâture s'est introduite. Le vrai problème est l'inverse de celui-là. La question historique est de savoir comme la vaine pâture a subsisté, pourquoi elle a survécu à la communauté de village. La raison en est évidemment qu'elle contredisait beaucoup moins les aspirations à la propriété individuelle. Quant à retracer les étapes successives de la disparition de la communauté de village, ce ne saurait être ici notre tâche. Nous ne pouvons pas faire remonter notre historique au-delà de l'époque contemporaine.

Mais disons immédiatement que les deux restes de cette communauté de village ont pris, dans le droit moderne, des caractères différents. Les terrains communaux sont restés une propriété indivise des covillageois. La vive pâture est donc l'exercice d'un droit de copropriété. Au contraire, la vaine pâture s'est réduite à n'être qu'un droit moindre, un droit de servitude légale, dont les terrains des propriétaires privés sont grevés au profit de ceux de leurs covillageois. Les auteurs ont beaucoup discuté sur la nature juridique du droit de vaine pâture, les uns soutenant qu'il constitue une copropriété, les autres, qu'il est une servitude. La solution ne nous paraît pas douteuse, et elle est transactionnelle. Ce droit dériva d'une copropriété, mais il n'est plus aujourd'hui qu'une servitude.

II

La vaine pâture est une gêne pour l'exercice du droit de propriété privée. Aussi les grands propriétaires s'efforcent-ils souvent de la restreindre ou de la faire disparaître. Toute l'histoire contemporaine de cette institution n'est qu'un effort pour se défendre contre leurs entreprises, qu'une lutte pour ne pas disparaître complètement.

Déjà l'édit « des regains » de 1768 et ceux qui le suivirent pour diverses provinces, avaient réduit le domaine de la vaine pâture. La loi des 28 septembre-6 octobre 1791, due à Heurtault de Lamerville et qui fut le premier de nos codes ruraux, se montra également sévère pour elle. La loi du 26 juin 1854 vint la supprimer en Corse. Enfin, la loi du 9 juillet 1889 prit, pour tout le territoire de France, une série de mesures très défavorables à son principe. Le parcours, c'est-à-dire la vaine pâture de commune à commune, est définitivement interdit. La vaine pâture proprement dite, dans l'intérieur d'une commune, est également supprimée ; mais elle pourra être rétablie sur demande formée, dans l'année, par le conseil municipal ou par les intéressés, soumise au Conseil général, et, en cas de désaccord entre celui-ci et le conseil municipal, au Président de la République, en Conseil d'Etat. Elle est abrogée complètement sur les prairies de toute nature.

Mais ces dispositions radicales soulevèrent, dans les départements de l'Est où la vaine pâture est très populaire, de véritables protestations. Le législateur dut faire, très vite, un pas en arrière. La loi du 22 juin 1890 vint prolonger, jusqu'à l'expiration d'un an après sa propre promulgation, le délai imparti pour demander le maintien de la vaine pâture. D'autre part, elle rapporta son abrogation en ce qui concerne les prairies naturelles, tout en maintenant son interdiction sur les prairies artificielles.

Ces textes ont ceci de très intéressant qu'ils constituent une véritable expérimentation sociale. Ils donnent un bon exemple de ce que le théoricien de la *Politique Expérimentale*, M. Léon Donnat, a appelé la « législation séparée », puisqu'ils accordent aux groupements locaux une faculté d'option entre deux régimes. De quelle manière cette option s'est-elle exercée ? Une statistique dressée par le Ministère de l'Agriculture et qu'on trouve consignée dans la thèse de doctorat en droit de M. L. Chiffert (1), porte, en résumé, que 8.370 communes ont vu maintenir chez elles la vaine pâture. Le plus grand nombre appartient à nos départements de l'Est et du Nord-Est. Ce sont d'ordinaire celles où la propriété est très morcelée. Si l'on tient compte du fait que la vaine pâture ne concerne pas les communes surtout urbaines, et qu'elle est interdite en Corse, on peut dire que le quart environ des communes intéressées a résisté à sa suppression.

III

Voyons, maintenant, à grands traits, le régime légal de la vaine pâture, que les textes dont nous venons de parler ont institué pour les communes où elle subsiste.

Le maintien de la vaine pâture n'a pu être demandé (article 2 de la loi de 1889, modifié par la loi de 1890), qu'en se fondant « sur une ancienne loi ou coutume, sur un usage immémorial, ou sur un titre ». Et elle n'existe, dès lors, que dans la mesure où les dispositions, usages ou titres l'établissaient, sans pouvoir être élargie.

(1) Paris, Larose, un vol. in-8, 1899.

Elle ne porte, en aucun cas, sur les prairies artificielles (article 5), ni sur les vignes et oseraies. Sur les terrains cultivés, elle ne peut s'exercer qu'après l'enlèvement de la récolte. Le propriétaire peut s'en affranchir, s'il adopte un assolement qui l'exclut. Il y échappe également s'il clôt ses terrains d'une manière complète. Mais, dans ce cas, par une juste réciprocité, il perd son droit à la vaine pâture, dans la proportion des terrains qu'il y soustrait ; ces deux points résultaient déjà des articles 647 et 648 du Code civil. Il ne peut s'y soustraire par rachat ou cantonnement, qu'avec l'adhésion du titulaire du droit de vaine pâture.

Quel est ce titulaire ? C'est, d'ordinaire, la commune elle-même, ou plutôt la totalité de ses habitants. Tous sont admis à y envoyer leurs troupeaux, quels que soient leur âge et leur sexe, leur nationalité, leur domicile, leur qualité (propriétaire, fermier, etc...). Mais aucun d'eux ne peut céder son droit à autrui. La mesure où s'exerce ce droit n'est pas la même pour tous. En principe, on ne peut envoyer des bestiaux à la vaine pâture qu'en proportion des terrains qu'on y livre soi-même. Cependant, il existe un minimum de droit reconnu à tous : c'est la faculté d'envoyer six bêtes à laine, une vache et son veau (article 9 de la loi de 1889). Ce minimum est ce qu'on a appelé « la part du pauvre dans la vaine pâture ». C'est lui qui maintient à cette institution son caractère démocratique, lequel est sa meilleure garantie auprès du législateur actuel.

Dans les communes où existe la vaine pâture, il est d'ordinaire établi un troupeau commun, comprenant toutes les bêtes du village et gardé par un berger unique. Mais l'usage de ce troupeau n'est pas obligatoire, et chacun peut faire garder ses bêtes séparément (article 7 de la loi de 1889).

Les règlements sur la vaine pâture sont faits par le conseil municipal. Mais ils ne sont valables que lorsqu'ils ont reçu l'approbation du préfet (article 68-69 de la loi du 5 avril 1884). Le maire ne peut prendre, en principe, que des décisions de détail pour assurer l'exécution des règlements émanés du conseil municipal. Celles-ci n'ont pas besoin de l'approbation préfectorale pour être exécutoires.

Les textes que nous venons d'analyser constituent le droit commun de la vaine pâture. Ils s'appliquent à la vaine pâture normale, si l'on peut ainsi dire, celle qui s'étend à tout le territoire d'une commune. Mais on a dû prévoir le cas d'une vaine pâture spéciale, établie sur un im-

meuble déterminé en vertu d'un titre, au profit,
soit d'un habitant, soit de plusieurs, soit de la
totalité des covillageois. Celle-ci constitue une
servitude conventionnelle. Elle est maintenue par
l'article 12 de la loi de 1889, modifié en 1890, et
continue à s'exercer en vertu des droits acquis.
Elle n'implique pas la réciprocité, qui est de
l'essence de la vaine pâture normale. Mais le propriétaire du fonds assujetti peut toujours s'en
affranchir par rachat ou cantonnement, et imposer
ceux-ci aux bénéficiaires de la servitude. Nous
allons retrouver cet article 12 en étudiant la jurisprudence qui s'est fondée sur nos lois

IV

L'application des textes législatifs dont nous
venons de parler a, en effet, soulevé des contestations nombreuses. Elles ont été portées devant
deux ordres différents de juridictions. Les unes
sont venues devant les tribunaux civils. Les
autres ont été soumises au Conseil d'Etat statuant
au contentieux.

Les deux juridictions sont d'accord, du reste, pour fixer l'étendue de leurs pouvoirs respectifs. C'est à la juridiction civile qu'il appartient de constater d'après les anciens usages et, par conséquent, de fixer pour l'avenir l'étendue de la vaine pâture. Ainsi l'ont décidé, et le Conseil d'Etat (1) et la Cour de cassation (2).

La plupart des décisions rendues par la juridiction civile en notre matière — du moins la plupart de celles qu'on trouve consignées dans les recueils de jurisprudence — ont trait au point de savoir si une vaine pâture rentre dans la catégorie des vaines pâtures normales, supprimées par la loi de 1889 à moins de maintien exprès, ou dans la catégorie des vaines pâtures spéciales, celles que prévoit l'article 12 de cette loi et qui, fondées sur un titre, établies sur un immeuble déterminé, sont conservées. Nous n'avons pas, bien entendu, à entrer ici dans l'examen des espèces soumises aux tribunaux. Disons seulement que la jurisprudence et la doctrine paraissent fixées en ce sens que, pour établir une vaine pâture spéciale, aux termes de l'article 12, il faut

(1) 15 février 1895, Henriet.
(2) 14 novembre 1900, commune de Montureux-les-Gray contre Rachot (Dalloz, 1904, 1, 286).

un titre particulier, c'est-à-dire autre chose qu'une réglementation d'ordre général (1).

Entre autres décisions intéressantes de la juridiction civile, citons encore les suivantes. Il a été reconnu que, d'après la loi de 1791, la vaine pâture pouvait s'exercer sur les secondes herbes des prairies naturelles, et que la loi de 1890 avait rétabli ce droit supprimé par la loi de 1889 (2). L'arrêté d'un maire a été déclaré illégal, et, par suite, non susceptible de servir de base à une poursuite, parce qu'il établissait des catégories différentes entre propriétaires soumis à la vaine pâture, dans le but de favoriser les intérêts pécuniaires de la commune (3). Enfin, il a été décidé qu'un conseil municipal avait pu valablement demander le maintien de la vaine pâture sur les prairies naturelles, à une date placée entre la promulgation de la loi de 1889 et celle de la loi de 1890, motif tiré de ce que, si la première de ces lois supprimait absolument ce genre de vaine

(1) Cour de Besançon, 23 février 1898, et Cour de cassation, 13 juin 1899, commune de Chaye contre Monnot (D., 1899, 2, 25 ; et D., 1900, 1, 68). — *Cfr.* Besançon, 16 juin 1891 ; Agen, 25 mars 1892 (D., 1892, table, *verbo* pacage). — *Adde* Cass., 2 avril 1895 (D., 1896, 1, 279).

(2) Cass., 14 novembre 1893 (D., 1893, 1, 358). *Cfr.* Amiens, 9 août 1901 (D , 1903, 2, 66).

(3) Cass., 1ᵉʳ décembre 1893, Lelaurin (D., 1896, 1, 61).

pâture, on savait à cette date qu'il était question de le rétablir par la seconde (1).

Les arrêts du Conseil d'Etat sur ces mêmes matières ont aussi leur importance. Il a décidé que les délibérations d'un conseil municipal demandant le maintien de la vaine pâture ne sont pas nulles par le fait que ce corps a omis de dresser ensuite la liste des ayants-droit à la vaine pâture (2). Il a annulé l'arrêté d'un maire relatif à la vaine pâture, par le motif que les délibérations du Conseil municipal sur lesquelles cet arrêté s'appuyait n'avaient pas été approuvées par le préfet (3). Dans une affaire unique (4), il a tranché deux points de droit intéressants. La quantité de bétail que chacun peut envoyer à la vaine pâture est fixée, dit l'article 8 de la loi du 9 juillet 1889, entre tous les propriétaires ou fermiers exploitants ; en cas de difficulté, il y est pourvu par délibération du conseil municipal. Le conseil municipal ayant statué, sans qu'il fût établi qu'il eût été procédé antérieure-

(1) Amiens, 9 août 1901, de le Barre contre Mangin (D., 1903, 2, 66).
(2) 22 mars 1901, Richard.
(3) 5 août 1901, Eychenne.
(4) 7 février 1902, Colson.

ment à une réunion des exploitants, le Conseil d'Etat a rejeté une demande d'annulation du règlement municipal fondée sur ce moyen. D'autre part, dans la même commune, le « droit du pauvre » fixé par la loi à six bêtes à laine, une vache et son veau, comportait quinze bêtes à laine d'après le règlement. La raison en était qu'un grand propriétaire, en faisant enclore ses terrains, avait rendu la vaine pâture impossible pour le gros bétail. L'équivalence ainsi établie a été reconnue régulière par le Conseil d'Etat. Enfin, dans une dernière espèce, ce corps a admis qu'un conseil municipal avait pu valablement décider que les troupeaux particuliers envoyés à la vaine pâture ne partiraient qu'après le troupeau commun, mais non pas qu'ils devraient suivre celui-ci sans avoir le droit de s'en écarter (1). Cette solution de l'arrêt a eu pour but d'empêcher ces deux catégories de troupeaux de se priver l'une l'autre de nourriture.

Le nombre des espèces ainsi soumises à la décision des juridictions établies constituerait, à lui seul, une preuve suffisante de la vitalité de cette institution séculaire qu'est la vaine pâture. Car on ne discute sur l'étendue et l'exercice des droits

(1) Garnier et Lanois, 7 février 1902.

que lorsqu'ils présentent une véritable valeur. En vain la loi a-t-elle voulu restreindre le droit de vaine pâture. Celui-ci possède une force de résistance effective, car, en nombre de provinces, il tient profondément au cœur de nos populations rurales.

L'AFFOUAGE (1).

Après le droit de vaine pâture, survivance, à notre avis, de la copropriété de village, il y a lieu d'examiner une autre des institutions actuelles qui ont la même origine, le droit d'affouage.

Ce droit a pour but de permettre aux villageois, habitant une commune propriétaire de bois, de trouver dans les produits de ceux-ci le combustible nécessaire à leurs foyers et aussi les matériaux destinés à leurs constructions.

Juridiquement parlant, c'est un droit réel et immobilier, qu'on a rapproché tour à tour de la propriété, de l'usufruit, de l'usage, de la servitude réelle, de la société, qui n'est identique à aucun de ces droits tout en ressemblant partiellement à

(1) Séance du 6 décembre 1905.

chacun d'eux, et qu'il faut donc considérer comme un droit particulier et *sui generis*. Il importe aussi de ne pas le confondre avec le droit d'usage forestier, lequel s'exerce sur le terrain d'autrui, tandis que le droit d'affouage s'exerce sur un terrain communal dont l'affouagiste peut donc se dire copropriétaire.

Historiquement, ce droit a une origine controversée. Les uns le font dériver des plus anciennes communautés villageoises établies sur notre sol. Les autres le rattachent simplement à une pratique des seigneurs féodaux : ceux-ci, pour faciliter le peuplemeut de leurs domaines, y appelaient les immigrants en leur concédant l'usage et même la quasi-propriété des forêts qui couvraient le sol ; il s'établissait ainsi, dans les régions forestières, des collectivités d'habitants qui exploitaient les bois au profit commun de leurs membres. Pendant tout l'ancien régime, le partage des produits des bois, au moins quant au bois de chauffage, se fit par feu. La famille, groupée dans une maison autour d'un foyer, était l'unité admise dans cette répartition. Il y avait ainsi, à ce point de vue spécial, des communautés de famille formant par leur réunion la communauté de village. Mais, avec le xviiie siècle, ce principe ancien, comme tant d'autres, se vit ébranlé. Au droit familial, on proposa de substituer le droit personnel. Au lieu du partage par feu, ce fut le partage par tête qui fut réclamé. L'égalité de tous les individus parut, ici comme ailleurs, la seule règle acceptable. Et elle devint la règle légale avec la Révolution, de 1793 à 1806. A cette dernière date, on revint au partage par feu. Il fut consacré par le Code forestier de 1827, dans son article 105. Et depuis lors, la législation s'en occupa à diverses reprises. La loi municipale de 1837 conféra au conseil municipal le pouvoir de le régler. La loi du 25 juin 1874 fixa les droits des étrangers en ce qui le concerne. La loi du 23 novembre 1883 vint donner à l'article 105 du Code forestier une nouvelle rédaction. Elle s'en tenait toujours, d'ailleurs, au principe du partage par feu. Nous verrons bientôt comment une loi nouvelle, celle du 19 avril 1901, revenant partiellement aux idées de la Révolution, a rétabli, dans une certaine mesure, le partage par tête. Mais examinons d'abord brièvement le régime de l'affouage, tel qu'il était avant cette dernière loi, qui ne l'a pas totalement modifié.

L'article 105 du Code forestier, dans la rédaction que la loi du 23 novembre 1883 lui avait donnée, réglait le droit à l'affouage de la manière

suivante, à défaut de titres anciens, c'est-à-dire
d'ordonnances ou d'arrêts de règlements, mais
en abrogeant les anciens usages non écrits. Il
exigeait, pour participer à ce droit, des conditions diverses : 1° Condition de nationalité ; il
fallait être Français ou étranger admis à domicile. 2° Condition d'indépendance ; il fallait être
« chef de famille ou de maison », et l'on devait
considérer comme tel, d'après le texte lui-même,
« tout individu possédant un ménage ou une
habitation à feu distinct, soit qu'il y prépare la
nourriture pour lui et les siens, soit que, vivant
avec d'autres à une table commune, il possède
des propriétés divisées, qu'il exerce une industrie
distincte ou qu'il ait des intérêts séparés ».
3° Condition de domicile ; il fallait « avoir domicile
réel et fixe dans la commune avant la publication
du rôle », ce qui n'impliquait cependant pas que
ce domicile eût été acquis par un an de séjour
sans interruption (1).

De ces trois conditions, la loi du 19 avril 1901,
qui a remanié à son tour l'article 105 du Code
forestier, a laissé subsister la première et la troisième. Mais elle a profondément modifié la

(1) En ce sens, voir Henri Bertrand, *Etude sur l'affouage*. Thèse pour le doctorat en droit. Paris, 1900.

seconde. Pour le bien faire comprendre, il nous faut résumer l'histoire de cette loi. Le texte de 1883 avait engendré des abus. Le droit à l'affouage ayant été attaché par lui à la qualité de chef de famille ou de maison, nombre de gens avaient cherché à se procurer, sans titres sérieux, cette qualité. Ils y parvenaient en simulant un feu distinct ou une existence séparée. On arrivait ainsi à trouver dans une même famille, vivant réellement en commun, jusqu'à quatre ou cinq chefs de maison. C'est pour couper court à ces abus que M. Maurice Ordinaire, alors député du Doubs, déposa, en 1898, une proposition de loi qui rétablissait le partage de l'affouage par tête d'habitant (1). La commission de la Chambre des députés, chargée d'en faire l'examen, reconnut ce qu'il y avait d'utile dans cette proposition, mais ne voulut pas aller aussi loin que son auteur. En rétablissant le partage par tête, elle ne crut pas nécessaire de supprimer le partage par feu. Elle estima qu'il valait mieux laisser au conseil municipal de chaque commune le droit de choisir entre ces deux procédés. Elle lui permit même d'en adopter un troisième, intermédiaire aux deux

(1) Documents parlementaires Chambre, 1898, session extraordinaire, p. 528 et suivantes.

10.

précédents : le partage moitié par feu et moitié par tête (1). La Chambre adopta cette proposition complexe et conciliatrice (2). A son tour, le Sénat l'admit (3), mais avec une modification de détail (4) qui nécessita son retour devant la Chambre (5). Le texte définitivement adopté, qui devint la loi du 19 avril 1901, prévoit la possibilité de trois modes de partage pour l'affouage : 1° partage par feu ; 2° partage moitié par feu, moitié par tête ; 3° partage par tête. C'est le conseil municipal de

(1) Voir le rapport de M. le marquis deMoustier au nom de la commission : documents, Chambre, 1898, p. 1348.

(2) Déclaration d'urgence et adoption, 10 juillet 1900 : débats, Chambre, 1900, p. 1933.

(3) Rapport favorable de M. Saillard : documents, Sénat, 1901, p. 246-247. Déclaration d'urgence et adoption, 22 mars 1901 : débats, Sénat, 1901, p. 572.

(4) La vente de l'affouage, lorsqu'elle est décidée par le conseil municipal, se fait au profit de la caisse municipale et par adjudication publique. Elle est opérée par les soins de l'administration forestière. Elle pouvait l'être aussi, d'après le texte voté par la Chambre, par les soins du maire. C'est ce dernier membre de phrase qui a été supprimé au Sénat sans que nous en ayions pu trouver l'explication.

(5) Nouveau rapport à la Chambre par M. Lemire, déclaration d'urgence et adoption, 29 mars 1901 : débats, Chambre, 1901, p. 1037-8.

chaque commune qui, dans sa session de mai, fixe lequel de ces modes sera en vigueur pour l'année qui commence. On a là un nouvel exemple, à notre avis très heureusement choisi, d'expérimentation politique du type que M. Léon Donnat appelait « législation séparée », et qui rappelle le régime de « l'option locale » en vigueur aux Etats-Unis. La loi du 19 avril 1901 précise aussi ce qu'il faut entendre par le partage par feu. C'est, dit-elle, le partage par chef de famille ou de ménage (cette expression « chef de ménage » étant substituée à celle de « chef de maison » employée par la loi du 23 novembre 1883) ; et, ajoute la loi nouvelle, « sera seul considéré comme chef de famille ou de ménage l'individu ayant réellement et effectivement la charge et la direction d'une famille ou possédant un ménage distinct où il demeure et où il prend sa nourriture ». Un arrêt tout récent du Conseil d'Etat paraît décider implicitement (1) que ces deux conditions ne sont pas exigibles simultanément et qu'on doit reconnaître le droit à l'affouage soit au chef de famille, n'eût-il pas de ménage, soit au chef de ménage, n'eût-il pas la charge d'une famille.

(1) Commune de Villiers-lès-Maugiennes contre Félix Gille, 17 novembre 1905.

Les règles relatives au droit à l'affouage viennent d'être dégagées. Il faut voir maintenant comment, en fait, ce droit va s'exercer. Il n'y a plus à distinguer, aujourd'hui, suivant qu'il porte sur le bois de construction ou sur le bois de chauffage. Le Conseil municipal, en fixant chaque année le mode de répartition de l'affouage dans la commune, dresse la liste des habitants qui sont admis à y participer ; il arrête en même temps le rôle de la taxe d'affouage dont nous allons parler dans un instant. Les habitants non inscrits sur la liste des affouagistes sont admis à réclamer dans les huit jours, et le conseil municipal délibère sur leurs réclamations. La délibération du conseil municipal arrêtant cette liste n'a pas besoin de l'approbation expresse du préfet ; il en est autrement de celle qui arrête le rôle de la taxe affouagère.

Cette taxe est instituée au profit de la commune, pour la couvrir des frais résultant de l'exercice du droit des affouagistes. Elle est établie comme toutes les taxes assimilées aux contributions directes. L'assujetti peut s'en affranchir en renonçant à son lot d'affouage. Et, en revanche, le fait de ne pas la payer le prive du droit d'enlever son lot.

Sur ce lot, l'affouagiste qui paie la taxe a un

droit de propriété, mobilier, librement transmissible sans condition de transcription. Les jurisconsultes discutent sur le point de savoir à quel moment ce droit se substitue au droit immobilier qu'il avait antérieurement.

Le droit à l'affouage s'éteint: 1° par la prescription ; 2° par la perte des conditions légales. Si les lots des années antérieures n'ont pas été délivrés, leur valeur peut être réclamée, d'après la jurisprudence, quand c'est par la faute de la commune, mais non quand c'est par la faute de l'affouagiste, que leur remise n'a pas eu lieu. Le droit à l'affouage subsiste quand la commune perd son autonomie, par exemple en devenant une simple section d'une autre commune.

Il importe encore de signaler que le bois provenant de l'affouage peut ne pas être distribué aux affouagistes, dans une hypothèse particulière. C'est celle où le conseil municipal aurait décidé qu'il sera vendu au profit de la caisse communale. Dans ce cas, la vente a lieu par adjudication publique, et c'est l'administration forestière qui est chargée de l'opérer (article 105 du Code forestier, modifié par la loi du 19 avril 1901, paragraphes 7 et 8).

Il faut, enfin, dire un mot des contestations qui peuvent s'élever en matière d'affouage. Ces con-

testations sont fréquentes et de divers ordres.
Les unes portent sur le point de savoir si les conditions du droit à l'affouage sont remplies en
faveur de telle ou telle personne. Les autres sont
relatives au mode d'exercice de ce droit. Devant
quelles juridictions doivent-elles être portées ?
On peut hésiter entre la juridiction civile et la
juridiction administrative. Le Tribunal des conflits
a pour mission de trancher les questions de compétence de cette sorte. En 1850, il avait décidé
que ces contestations ressortissaient aux tribunaux civils lorsqu'elles concernaient les conditions du droit à l'affouage, et aux tribunaux administratifs lorsqu'elles portaient sur l'exercice de
ce droit. Modifiant sa jurisprudence, il a décidé,
le 4 juillet 1896, qu'elles ressortissent dans les
deux cas aux tribunaux administratifs. Peut-être
a-t-il été déterminé en ce sens par la préoccupation de limiter les dépenses incombant aux plai-
deurs dans ces litiges dont l'intérêt pécuniaire est
très mince : car la procédure devant les conseils
de préfecture est, pour ces sortes d'affaires, très
économique. Aussi est-ce actuellement devant ces
conseils et, par suite, devant le Conseil d'Etat
en appel, que viennent toutes les contestations
relatives à l'affouage.

LE PARTAGE DES BIENS COMMUNAUX (1)

Dans de précédentes communications, nous avions eu l'honneur de traiter, devant la Société nationale d'agriculture, de la vaine pâture, puis de l'affouage. Suivant nous, ces deux institutions sont des vestiges de l'ancienne co-propriété de village. Nous voudrions maintenant montrer comment cette dernière est en voie de disparition, et pour cela traiter du partage des biens communaux.

I

Il faut d'abord définir ces biens. Les communes françaises ont un domaine public, qui peut comprendre, pour chacune d'elles, la mairie, l'école, des chemins vicinaux et ruraux, etc... Tous ces biens sont affectés à un service public, et par suite inaliénables. La commune en a la garde plutôt encore que la propriété. Mais elle peut avoir aussi, d'autre part, un domaine privé,

(1) Séance du 24 janvier 1906.

sur lequel elle exerce les droits d'un véritable propriétaire. Les biens qui le composent se divisent eux-mêmes en deux catégories : biens patrimoniaux, qui sont loués à des particuliers ; biens communaux proprement dits, dont la jouissance est normalement laissée à la collectivité des habitants, qui peuvent y faire paître leurs troupeaux, y ramasser du bois, en recueillir les produits naturels. Cette jouissance est réglementée par le conseil municipal, sous le contrôle du préfet. Nous avons vu, en traitant de l'affouage, les conditions de nationalité, de domicile et d'indépendance qu'on exige généralement de ses bénéficiaires. Ceux-ci peuvent être astreints, en rémunération partielle du service qu'elle leur procure, au paiement d'une taxe modique.

D'après une statistique dressée en 1897 par le Ministère de l'Intérieur, avec le concours du Ministère de l'Agriculture, la surface totale des biens communaux atteignait alors en France près de quatre millions et demi d'hectares. Sur ce chiffre, un million et demi d'hectares environ étaient incultes, et près de trois millions cultivés, dont deux millions en bois et forêts. On estimait que leur valeur totale dépassait un million et demi de francs (1).

II

L'origine des biens communaux est très controversée. Remontent-ils à l'époque gallo-romaine, ou seulement à l'époque féodale ? Il s'est élevé à cet égard une controverse célèbre entre MM. Fustel de Coulanges et Glasson. Quoi qu'il en soit, ils avaient une étendue considérable sous l'ancien régime. Leur faible productivité leur valut, au milieu du xviii° siècle, de vives critiques. On soutint dans l'école physiocratique que seul le régime de la propriété individuelle pourrait venir les féconder. C'est sous cette inspiration que furent rédigés une série d'édits royaux, prescrivant leur partage entre les habitants : édits de juin 1762 et juin 1769 pour les Trois-Évêchés, de janvier 1774 pour la Bourgogne, du 27 mars 1777 pour la Flandre, du 1er novembre 1779 pour l'Artois.

Le régime organisé par ces actes subsiste encore. C'est un régime d'allotissement. L'alloti possède de véritables droits de propriété sur son lot ; seulement ces droits ne sont que viagers en Flandre, bien qu'héréditaires dans les autres pro-

(1) Voir Jacques Helbronner, *Du partage des biens des communes*. Thèse de doctorat en droit. Paris, A. Rousseau, 1898.

vinces. Il supporte les charges fiscales de la propriété. Il a l'obligation de défricher, et, s'il ne la
remplit pas, il peut être déclaré déchu du bénéfice
de son lot par le conseil municipal ou par les tribunaux administratifs. Lorsqu'un lot devient
vacant, il est attribué par le conseil municipal au
premier inscrit sur la liste d'aspirance, où figu-
rent tous les habitants remplissant les conditions
de l'allotissement (nationalité, domicile, indépendance) et jusqu'alors dépourvus de lot. Dans les
régions où les lots comportent une transmission
héréditaire, il existe pour ces « parts de marais »
ou « portions ménagères », une succession particulière, anomale, soumise à d'autres règles que la
succession ordinaire, et qui reconnaît encore, en
partie, les anciens privilèges d'aînesse et de mas-
culinité. Il est vraiment remarquable de voir ainsi
se continuer, depuis plus d'un siècle, l'application
d'une législation locale qui fonctionne à côté du
droit commun, sans s'incliner devant lui et sans
en subir, sauf partiellement, l'influence (1).

(1) Voir Paul Dallongeville, *Des biens communaux en
général et spécialement des parts de marais et portions
ménagères dans le Nord, le Pas-de-Calais et les départements formés par les anciennes provinces de Bourgogne
et des Trois-Evêchés*. Thèse de doctorat en droit. Paris,
A. Rousseau, 1896.

III

La Révolution, d'une part, accrut les biens communaux, en y faisant rentrer quantité de biens seigneuriaux. Mais, d'autre part, s'inspirant des principes individualistes, elle tenta de les diviser entre les habitants. Le décret du 14 août 1792 ordonna leur partage général, en propriété et par tête, en exceptant toutefois les bois. Le décret du 10 juin 1793 confirma cette disposition et édicta des mesures pour sa mise à exécution ; mais en même temps il déclara les lots inaliénables pendant dix ans entre les mains de leurs nouveaux propriétaires, et décida que le partage ne serait plus que facultatif, le vote favorable d'un tiers des habitants de la commune — femmes comprises — suffisant pour qu'il y fût procédé. Mais les fâcheux effets de ces partages ne tardèrent pas à se faire sentir. Il fallut donc arrrêter ce mouvement. La loi du 21 prairial an IV vint dire qu'il serait sursis provisoirement aux poursuites résultant de l'application du texte précédent. La loi du 2 prairial an V vint ôter aux communes le droit de vendre ou d'échanger leurs biens, tout en confirmant les ventes déjà faites.

De même, la loi du 9 ventôse an XII, le décret du 9 brumaire an XIII, le décret du 4e jour complémentaire de l'an XIII, régularisèrent les partages passés et admirent l'impossibilité de tout partage nouveau pour l'avenir ; ils donnèrent compétence aux conseils de préfecture pour statuer sur les difficultés contentieuses que les partages passés pouvaient soulever. En raison de ces textes, le partage *à titre gratuit* des biens communaux entre les habitants est considéré, de nos jours encore, comme interdit.

Lors de la discussion de la loi municipale de 1837, il fut question de reprendre la pratique de ces partages. Un député, M. Legrand, déposa un amendement permettant d'y revenir, à titre facultatif, et sur délibération du conseil municipal. La Chambre rejetta cette proposition dans sa séance du 3 février 1837.

Des enquêtes faites sur la même question, en 1848 et sous le second empire, n'aboutirent pas à une décision législative. Il est vrai que la loi du 6 décembre 1850 vint permettre des partages dans les cinq départements bretons ; cette loi avait été votée pour une durée limitée, puis fut prorogée de dix en dix ans ; près de 60.000 hectares furent partagés, de 1850 à 1890, en vertu de ses dispositions. Mais il faut observer qu'il s'agissait là de biens indivis entre des groupes d'habitants, plutôt que de biens communaux proprement dits. Il est vrai encore que la loi du 19 juin 1857, pour l'assainissement et la mise en valeur des landes communales, dans les départements des Landes et de la Gironde, permit le partage d'une partie de ces terres incultes, et qu'on lui doit un accroissement considérable de la valeur du sol dans ces régions. Mais ce n'était là encore qu'une mesure locale, qui ne fut point généralisée, et n'avait sans doute point de raison pour l'être (1).

IV

Aujourd'hui donc, le partage gratuit des biens communaux étant interdit, il n'y a que trois façons de tirer parti de ces terres. Ou bien les habitants sont autorisés à en jouir directement en nature, ce qui paraît être leur destination norvelle (voir plus haut, § I). Ou bien le conseil municipal les amodie, c'est-à-dire les loue ; il lui faut l'approbation préfectorale pour les baux de plus de dix-huit ans. Ou bien enfin il les vend, avec la même approbation (loi municipale du

(1) Voir Edmond Clarey, *De la mise en valeur des biens communaux*. Thèse de doctorat en droit. Paris, Rousseau, 1900.

5 avril 1884, article 68, 1° et 2°). Mais, et c'est là
un point important, il peut ne point appeler à la
vente les étrangers à la commune et réserver au
contraire la faculté de se porter acquéreurs de ces
biens à ceux qui en avaient déjà la jouissance.
On est alors en présence d'un partage des biens
communaux à titre onéreux. Cette espèce de partage est reconnue comme licite par la jurisprudence (1), à la différence du partage à titre gratuit, parce qu'on peut la considérer comme une
vente. Il n'est pas nécessaire, pour sa validité,
que le prix demandé aux habitants représente la
valeur exacte du bien communal aliéné. Il suffit
qu'il ne soit pas un prix dérisoire.

Ajoutons que les procès assez nombreux sou-
levés par ces questions sont tous portés, actuellement, devant les tribunaux administratifs. Des
contestations s'étaient élevées entre eux et les
tribunaux judiciaires à ce sujet et elles avaient
duré pendant tout le XIXᵉ siècle. Elles ont été
tranchées par une décision du Tribunal des conflits du 3 février 1894 (2) qui a reconnu compé-

(1) Conseil d'Etat : Glaudet et Jayat contre commune
de Chambouretières, 25 novembre 1904 ; Aumeunier
contre commune de Fromentel, 24 février 1905 ; Assumel
contre commune de Poizet, 14 avril 1905 ; section de Chi-
gnarochc contre dame Parrain, 24 novembre 1905.

(2) Sirey, 1896, IIIᵉ partie, p. 7.

tence, en cette matière, aux conseils de préfecture en première instance et au Conseil d'Etat en appel.

V

L'aspect historique et l'aspect juridique du problème viennent d'être examinés. Il reste à en considérer l'aspect économique. Que valent les biens communaux, au point de vue d'une exploitation rationnelle du sol français ?

L'école économique libérale les juge sévèrement. Elle remarque qu'ils demeurent souvent en friche. Elle en conclut qu'il faudrait les partager. Car, pense-t-elle, leur état d'abandon tient à ce que personne n'a suffisamment intérêt à les améliorer. Seul, d'après elle, un propriétaire individuel consentirait à faire les dépenses et les efforts nécessaires pour cette transformation.

Mais des objections sont présentées contre cette doctrine. D'abord, si les biens communaux restent en friche, c'est fréquemment parce que la nature même du sol n'en permet pas l'exploitation. D'autre part, beaucoup d'entre eux sont plantés en bois, et l'aménagement de ceux-ci est mieux assuré par l'administration qu'il ne le serait par un particulier ; leur conversion en champs ou en pâturages, à la supposer possible, ne serait pas désirable. Puis, des raisons de principe paraissent s'opposer au partage. Les biens communaux, sans doute, sont un legs du passé. Mais ils sont aussi une réserve pour l'avenir. Il ne faut pas les sacrifier aux conceptions du présent. Les communes, en les aliénant, se dépouilleraient à tout jamais de leurs meilleures ressources. Et, du même coup, leurs habitants les plus pauvres, ceux qui ont besoin du pâturage communal pour entretenir leur modeste bétail, de la forêt communale pour y trouver le bois nécessaire à leur humble foyer, se verraient privés du fond de leur existence. Sans doute, si l'on reprenait les partages gratuits, ils recevraient une petite portion de ces terres en pleine propriété. Mais elle serait trop exiguë pour satisfaire à leurs besoins, et alors ils seraient forcés de la vendre à leurs voisins plus fortunés. Avec le partage, les pauvres deviendraient plus pauvres et les riches plus riches qu'aujourd'hui.

Ces raisons nous suffiront pour nous ranger du côté de ceux qui ne verraient point d'un œil favorable le retour à ces partages gratuits. Nous ne croyons pas nécessaire d'y ajouter les espoirs — à notre avis exagérés — que certains esprits fondent sur les biens communaux. Par de sages allotissements, pensent-ils, on pourrait remédier au paupérisme rural, fixer au sol les vagabonds, enrayer la dépopulation, ralentir l'émigration des campagnes vers les villes (1). Il n'est pas nécessaire de tant attendre des biens communaux pour en souhaiter la conservation.

Sans doute, il est des cas où le partage est désirable. Telle commune se divise en dix à vingt sections, dont chacune ne compte que quelques membres. Les biens propres à chaque section ne sont alors que des biens indivis entre un petit nombre de personnes, et leur maintien présente tous les inconvénients de l'indivision proprement dite. Pour ceux-là, le partage serait à souhaiter (2). Mais ce cas n'est pas le plus général, et, en dehors de lui, c'est la solution contraire qui doit prévaloir. Pour le plus grand nombre des biens communaux proprement dits, on peut voir sans regret subsister leur régime légal actuel.

(1) Voir Mercier Valenton, *Les biens communaux, leur utilité sociale.* Thèse pour le doctorat en droit. Paris, Chevalier-Marescq, 1903.

(2) Voir Roger Graffin, *Les biens communaux en France, étude historique et critique.* Ouvrage couronné par la Société des agriculteurs de France. Paris, Guillaumin, 1899.

LES ASSOCIATIONS AGRICOLES

La Coopération dans l'agriculture française.

L'Association française pour l'avancement des sciences a tenu à Boulogne-sur-Mer sa vingt-huitième session, au mois d'août 1899. Une des sections qui la composent, celle à laquelle ressortissent l'économie politique et la statistique, nous a fait l'honneur d'écouter un exposé que nous lui présentions sur « la coopération dans l'agriculture française ». Il n'avait point été écrit et nous n'en pouvons donner ici qu'un résumé très succinct.

Une idée, avons-nous dit, domine aujourd'hui dans tous les domaines sociaux : celle de solidarité. L'honneur de l'avoir précisée et d'en avoir montré la capitale importance revient aux théoriciens français de la fin du XIXe siécle. Cette idée prend, dans le domaine proprement économique, un nom nouveau : elle s'y appelle la coopération. Les applications de la coopération à la vie urbaine sont nombreuses et bien connues. Nous voudrions dire un mot de celles qu'elle comporte aussi quant à la vie rurale.

D'une manière générale, la coopération rend les plus grands services, en ce qui concerne tant l'accroissement et le perfectionnement de la production, que la répartition plus équitable des produits et l'amélioration du sort des humbles. A coup sûr, le paysan ne profiterait pas moins que le citadin du développement des sociétés coopératives. Il aurait même plus de facilités pour y entrer et pour les faire prospérer que l'ouvrier des villes ; car il a d'ordinaire plus de ressources, étant généralement propriétaire de son champ et de son outillage. Mais il lui manque d'habitude ce qu'a plus souvent l'ouvrier : l'esprit d'association. Le paysan français fait preuve, dans le plus grand nombre des régions, d'un individualisme intransigeant et mesquin, qui est ici le principal obstacle à vaincre. Certaines provinces font heureusement exception, et elles s'en trouvent bien. C'est ainsi que, dans les contrées montagneuses, la survivance partielle des anciennes communautés villageoises a permis le maintien d'une vie sociale, peu riche évidemment, mais relativement heureuse. C'est ainsi encore que, en plaine, l'industrie laitière et beurrière a fait de grands progrès là où des associations d'un type moderne ont pu s'introduire. Grâce à la création de ces sociétés coopératives, la région des Charentes est parvenue à produire un beurre qui gagne tous les jours, sur le marché des capitales, au détriment du beurre produit dans la Normandie, restée individualiste.

Les économistes, s'occupant de classer les formes de la coopération, en ont distingué trois principales, qu'ils ont appelées sociétés coopératives de production, de crédit et de consommation. Ils ont appliqué là leur division habituelle des faits économiques, catégories dénommées respectivement production, circulation et consommation des richesses. Cette classification est commode et suffit à indiquer les principaux types de coopératives qu'on rencontre dans la vie urbaine, bien qu'elle en omette un quatrième, des plus intéressants, la société coopérative de construction. Mais elle est sans application possible à la vie rurale. Les phénomènes ici se présentent tout autrement et exigent un groupement nouveau. Celui que nous proposons, pour notre part, d'adopter, se place entièrement au point de vue de la production. Il distingue les sociétés coopératives suivant la place que tient, dans le processus général de la production, l'opération en vue de laquelle chaque société est formée. Cette opération peut être préalable au travail agricole proprement dit ; elle peut consister dans ce travail lui-même ; elle peut lui être postérieure. Préalablement au travail, les agriculteurs ont besoin de constituer leur outillage : ils peuvent s'associer pour acheter en commun des engrais, des semences, des bestiaux, ce qui leur permet de les payer moins cher et de les avoir de meilleure qualité : tel a été le rôle initial des syndicats agricoles (1). Pour cette constitution de l'outillage, il leur faut des fonds ; ils devront souvent, en vue de s'en procurer, recourir au crédit, et celui-ci pourra leur être fourni par des sociétés coopératives, telles que les caisses communales et régionales de crédit mutuel et les banques populaires (2). Enfin, il ne suffit pas de se procurer l'outillage, il faut aussi le conserver, et notamment le défendre contre les fléaux naturels ; ce pourra être l'objet des caisses d'assurance mutuelle contre la grêle, contre la mortalité du bétail, contre l'incendie, etc... Voilà pour la préparation au travail.

(1) Voir l'étude suivante, sur *Les Syndicats agricoles et leur œuvre.*

(2) Voir, un peu plus loin, les pages sur *Le Crédit agricole.*

Quant au travail lui-même, il est évidemment susceptible aussi d'une organisation coopérative. Le type le plus simple d'association de travail est la coopération des membres de la famille, qui se pratique, avec une plus ou moins grande extension du cercle domestique, dans toute la France rurale. On peut encore considérer comme une sorte d'association de travail le métayage, ainsi que la participation aux bénéfices dans l'agriculture (1). Mais c'est surtout à la coopération entre propriétaires et exploitants voisins qu'on doit songer. Elle existe déjà un peu partout, sous la forme d'aide mutuelle que les voisins se prêtent au moment de la moisson, du battage, des vendanges, etc... Elle prend un caractère plus étroit et plus intime dans certaines régions, dont l'industrie principale consiste dans l'utilisation du lait : elle y engendre les fruitières du Jura, les sociétés fromagères de la Haute-Savoie, les beurreries coopératives des Charentes, etc... Elle revêt ailleurs l'aspect de syndicats de travaux publics (drainage, irrigation, reboisement, etc...). On peut espérer beaucoup de son développement, et notamment penser que, si elle se généralisait,

______

(1) Nous leur consacrons, dans ce volume, une étude spéciale.

elle résoudrait le problème si discuté de la valeur respective des divers types de propriété. La petite propriété a le mérite de mettre, sur tout le sol, l'intéressé direct à la tâche. La grande propriété, en revanche, a la supériorité du capital et de l'instruction technique, et permet la division du travail et l'emploi fructueux des machines. La coopération donnerait à la petite propriété les avantages de la grande, sans lui retirer les siens propres. Seulement, on ne saurait guère compter que d'ici longtemps elle arrive à sa pleine diffusion.

En dernier lieu, il convient de signaler les associations rurales ayant pour but des faits postérieurs au travail. C'est le cas de celles qui ont comme objet la vente des produits agricoles. Les régions qui ont une production spécialisée, qu'elles exportent sur des marchés éloignés, ont intérêt à en organiser le transport et la vente sous forme collective. Beaucoup d'entre elles ont essayé de le faire, et nombre de syndicats comportent cette organisation. La difficulté principale qu'elle présente est de faire admettre à chaque producteur l'égalité de traitement des produits de ses voisins et des siens propres, dans la vente et la répartition des prix.

Telle est, esquissée à grands traits, la classification que nous croyons convenir aux principales formes de la coopération rurale. Faite au point de vue de la production, elle embrasse néanmoins les sociétés coopératives de crédit, et même de très importantes sociétés coopératives de consommation : car les syndicats en vue de l'achat de l'outillage peuvent rentrer, nous semble-t-il, dans cette dernière catégorie. A la vérité, elle laisse en dehors d'elle.les autres sociétés coopératives de consommation, celles qui seraient formées entre paysans pour l'achat des aliments, vêtements, etc... ; les sociétés coopératives de construction, presque inconnues dans les campagnes ; les comices agricoles, les sociétés et syndicats pour l'étude. et la défense des intérêts généraux, etc... Tous ces groupements ont pourtant un lien intime avec l'œuvre agricole et nous nous reprocherions de les omettre. La difficulté de dresser une classification complète prouve seulement combien le principe de la coopération est susceptible d'applications multiples et témoigne ainsi en faveur de sa fécondité.

Les syndicats agricoles et leur œuvre.

Etude sur un livre de M. le comte de Rocquigny (1).

M. de Rocquigny, qui est le chef du service agricole au Musée social, a écrit, sur l'économie rurale, une série de volumes et d'articles fort appréciés. Il avait fait paraître, il y a cinq ou six ans environ, une étude sur « les syndicats agricoles et le socialisme agraire ». L'ouvrage qu'il publie aujourd'hui, sous ce nouveau titre : « Les syndicats agricoles et leur œuvre (2) », se rapporte encore à ce sujet. Bien entendu, il contient un ensemble de renseignements nouveaux sur le développement important qu'ont pris les syndicats agricoles depuis cette date, et il a été très soigneusement tenu au courant des faits actuels. Mais l'inspiration générale est demeurée la même. L'idée maîtresse est toujours que le mouvement syndical doit être, dans les campagnes, l'opposé

(1) Publiée dans la *Revue internationale de sociologie,* n° d'août-septembre 1900.

(2) Paris; Armand Colin, 1900, un vol. in-12 de 412 pages.

et l'antidote du mouvement socialiste, que les syndicats agricoles sont et doivent devenir de plus en plus un puissant agent tout à la fois de progrès technique et de conservation sociale.

Ce livre, dont la lecture est agréable et utile, montre d'abord comment, aux associations existant antérieurement dans nos campagnes (comices, sociétés d'agriculture, etc.), se sont, depuis la loi libérale du 21 mars 1884, juxtaposés et souvent substitués les syndicats agricoles. Ceux-ci sont d'ordinaires mixtes, c'est-à-dire que, à côté des propriétaires fonciers, ils peuvent renfermer aussi des ouvriers agricoles et à plus forte raison des fermiers et des métayers. Toutefois, en fait, ce sont surtout les chefs d'exploitation qui, à notre connaissance, en font partie. Au début de 1900, d'après les calculs de l'auteur, il existait environ 2,500 syndicats, ne groupant pas moins de 800,000 agriculteurs. Le domaine de chaque syndicat est très variable : c'est quelquefois un département ou un arrondissement, plus souvent un canton, d'ordinaire une commune, parfois un simple hameau. Mais les chefs du mouvement syndical ont compris qu'une entente était nécessaire pour donner à ce mouvement toute sa force ; et cela a déterminé la formation de dix unions régionales, qui se partagent la plupart des départements français (sauf les alentours de la capitale et une partie de l'Est et du Centre), voire même celle d'une union centrale, qui compte près de mille syndicats affiliés. En outre, il existe d'autres organes généraux, tels que le « Syndicat central des agriculteurs de France », qui s'occupe d'achats et de ventes pour le compte des producteurs ruraux ; le « Syndicat économique agricole de France », présidé par notre confrère M. Kergall, qui fait campagne auprès des pouvoirs publics, en faveur des revendications économiques des cultivateurs ; le « Syndicat pomologique de France » et le « Syndicat des sériciculteurs de France », qui ont chacun pour but la défense d'une des branches de notre industrie agricole. Dans les départements, nombre de syndicats ont des tendances spéciales qui sont soigneusement relevées. Les uns se cantonnent dans la protection d'intérêts particuliers, qui sont, suivant les régions, ceux de la viticulture, de l'horticulture, de l'élevage, de la production betteravière. D'autres reçoivent leur inspiration de l'Eglise catholique et se rattachent, par exemple, à l'œuvre des cercles catholiques ouvriers. Quelques-uns sont purement ouvriers et à tendance socialiste, comme ceux des bûcherons du Centre. Toutes les variétés existent dans ce domaine, en raison de l'indépendance que le législateur y a laissée à l'initiative individuelle.

Après la constitution des syndicats agricoles, M. de Rocquigny nous fait connaître leur fonctionnement. Il divise en deux catégories leurs services : services d'ordre matériel rendus à l'exploitation du sol ; services économiques et sociaux rendus aux populations rurales. Disons un mot de la première. La plus ancienne fonction des syndicats agricoles, celle pour laquelle ils se sont constitués à l'origine, et qui leur a valu leurs premiers succès, a été le groupement des agriculteurs en vue d'acquisitions à faire en commun. C'est l'achat des engrais qui a été pratiqué tout d'abord : grâce aux commandes importantes faites par les syndicats, le prix des matières fertilisantes a beaucoup baissé, en même temps que, grâce à la surveillance exercée par leurs laboratoires d'analyse, la qualité s'améliorait. Puis est venu l'achat en commun des semences, celui des machines agricoles (trieurs, charrues défonceuses. matériel de battage, etc.), celui des animaux reproducteurs et de la nourriture destinée aux troupeaux. L'intervention du syndicat a eu, notamment, l'heureux effet de rendre à la fois les ventes plus considérables et les achats plus sérieux, les produits meilleurs et les prix plus régulièrement payés.

D'autre part, dans un domaine spécial, celui de la viticulture, les syndicats ont permis la généralisation des moyens de défense contre les parasites de la vigne, la reconstitution des vignobles, le perfectionnement des procédés de vinification. — Mais il nous semble, d'après notre auteur lui-même, que l'œuvre syndicale est demeurée beaucoup moins heureuse quand elle a voulu organiser la vente en commun des produits agricoles et horticoles, soit à des administrations publiques, soit à des société coopératives de consommation, soit aux halles et marchés ; et qu'elle a, pour ainsi dire, échoué jusqu'à présent dans la réalisation d'un autre de ses buts, — le plus difficile, sans doute, à atteindre, étant donné l'esprit fortement individualiste de nos paysans français,— la production en commun proprement dite ou la tranformation industrielle en commun des denrées agricoles.

Parmi les « services économiques et sociaux rendus aux populations rurales » par les syndicats agricoles, il s'en trouve plusieurs qui se rapprochent singulièrement des précédents. Ainsi l'exploitation du sol est favorisée par la diffusion de l'enseignement agricole : les syndicats ont contribué à cette dernière, par des publications, par l'institution de cours agricoles dans les écoles primaires libres, jusqu'au fond de la Bretagne. Elle est favorisée aussi par un ensemble de créations dues aux syndicats, soit que ceux-ci les aient organisées comme un de leurs propres services, soit qu'ils aient eu l'idée heureuse de les constituer en organismes indépendants. Ce sont les sociétés coopératives de consommation, qui procurent à leurs membres les produits, non agriles, d'usage courant, et les sociétés coopératives de crédit, dont nous avons au moins trois types en France : celles qui ont la forme commerciale de sociétés anonymes à capital variable ; celles qui ont adopté le principe de la responsabilité illimitée, à l'imitation des caisses de Raiffeissen ; celles dont la loi du 5 novembre 1894 a provoqué la constitution, en les rattachant expressément aux syndicats agricoles. Ce sont encore les sociétés d'assurance mutuelle contre l'incendie, la grêle, la mortalité du bétail, les accidents du travail agricole, dont les syndicats ont intérêt à se faire les agents. Ce sont enfin les caisses ou sociétés de secours mutuels, que divers syndicats ont eux-mêmes fondées. D'autres ont, dans le même but, créé un service permettant au cultivateur malade de se faire remplacer dans ses travaux par des voisins. Certains se chargent d'être les intermédiaires de leurs membres auprès de la

Caisse nationale des retraites pour la vieillesse. Plusieurs s'occupent du placement des ouvriers agricoles. Beaucoup s'efforcent d'éviter les litiges entre leurs membres par le moyen d'arbitrages. Tous défendent les intérêts généraux des syndiqués devant la justice, devant l'administration, devant les pouvoirs publics. En somme, ils s'efforcent tous d'établir de la cohésion et de la solidarité dans les milieux agraires trop souvent animés d'un individualisme excessif, et par là ils font, conclut M. de Rocquigny, une œuvre d'une haute valeur sociale.

Ces divers points sont traités dans son ouvrage avec une grande abondance de documents. Les « preuves à l'appui » sont nombreuses et précises. On comprend que nous ne puissions songer à les reproduire ici, même par fragments. Ce qui nous semble, après la lecture de cet important et sérieux travail, c'est que le rôle professionnel des syndicats agricoles a été utile : la production a été accrue et perfectionnée grâce à leur intervention. Il y aurait davantage matière à discussion sur leur rôle politique et social. M. de Rocquigny cite, pour les réfuter, les opinions de MM. Rouanet et Jules Guesde, d'après lesquels le syndicat agricole ne serait qu'un instrument, dans la main de la grande propriété, pour reconstituer 'le régime rural d'avant la Révolution. A leur encontre, il essaie de montrer que les grands propriétaires ne jouent qu'un rôle insignifiant dans les syndicats agricoles. Ses chiffres ne sont peut-être pas très probants, d'abord parce qu'ils sont peu nombreux, puis parce que l'influence des *grands* propriétaires ne se mesure naturellement pas à leur quantité. Nous sommes porté toutefois à admettre que c'est moins la grande que la moyenne propriété qui domine dans les syndicats agricoles. Cela ne prouve pas encore que ceux-ci soient animés de l'esprit démocratique, car il se pourrait bien que la classe rurale moyenne ait, vis-à-vis des ouvriers agricoles, quelque peu des sentiments que l'aristocratie nourrissait, avant 1789, pour le tiers état lui-même. Pour tout dire, nous craignons que la direction des syndicats agricoles soit trop souvent entre les mains d'hommes imbus d'idées politiques assez étroites et assez rétrogrades. — Et puis, en supposant que les syndicats aient réalisé l'union des diverses catégories agricoles, n'auraient-ils point, quelquefois, pris comme terrain d'entente la lutte en commun contre les concitoyens des villes ? N'est-ce pas ce qui a caractérisé les récentes campagnes pour le dégrèvement de l'impôt foncier, et aussi (sous l'apparence d'une lutte contre les producteurs agri-

coles étrangers) les campagnes protectionnistes ?
— Il faudrait prendre garde, croyons-nous, à la tendance qu'ont assez fréquemment les syndicats et les institutions similaires à instituer et à propager un égoïsme corporatif, qui peut devenir beaucoup plus dangereux que l'égoïsme individuel. — Mais qu'on ne croie pas que, pour cela, nous condamnions le mouvement syndical dans l'agriculture. Il représente une grande force, qui gagnerait seulement à être, sur certains points, mieux dirigée, Il suffirait, pour le faire, que ses chefs prissent pleine conscience des vrais et grands besoins de la société contemporaine, et, tout d'abord, de la solidarité qui doit nécessairement exister entre chefs d'exploitation et ouvriers, d'une part, entre citadins et ruraux, de l'autre. Qu'ils s'inspirent de ce principe — auquel M. de Rocquigny, certainement, ne contredirait pas — et leur œuvre recevra une approbation unanime.

Le Métayage et la participation aux bénéfices dans l'agriculture.

Communication faite à la *Société d'économie politique de Paris*, le 5 octobre 1901 (1).

M. René Worms a la parole pour exposer la question.

Il rappelle d'abord l'intérêt que la Société d'économie politique a toujours porté aux problèmes de l'économie rurale, et montre que l'un des principaux est celui du mode de tenure ou d'exploitation des terres. Nous avons, en France, trois de ces modes : le faire-valoir, dans lequel le propriétaire exploite directement son sol, tantôt seul, tantôt avec l'aide de sa famille ou de travailleurs salariés ; le fermage et le métayage, dans lesquels il se décharge de l'entreprise culturale sur un locataire, lequel lui paie une redevance, soit fixe et en espèces (fermage), soit aléatoire et en nature (métayage). On peut, en outre, signaler certains modes accessoires, les exploitations par régisseurs, par maîtres-valets, par bordiers, etc.

(1) Extrait du *Journal des Economistes*, n° du 15 octobre 1901.

Le métayage, dont il doit être surtout question cette fois, est un contrat que les jurisconsultes ont toujours eu quelque peine à faire rentrer dans leurs cadres. A Rome déjà — car il est vieux d'au moins vingt siècles — on discutait sur le point de savoir s'il constituait une société ou un louage de choses. On eût pu également se demander s'il n'était pas un louage de services, car il peut bien n'avoir été au début qu'un mode particulier de rémunération des journaliers agricoles. Quoi qu'il en soit, notre Code civil et la loi du 18 juillet 1889, qui est venue le compléter, le rangent parmi les formes du louage de choses.

C'est donc, aux yeux de notre loi, un contrat par lequel le propriétaire d'une terre la donne à bail à un travailleur qui l'exploite. Le propriétaire apporte le sol et la moitié du bétail ; il a la haute direction de la culture, c'est-à-dire qu'il détermine quelles plantes seront cultivées ou quel bétail sera élevé sur le sol, règle l'assolement, dirige les achats et procède aux ventes. Le métayer apporte son travail et celui de sa famille ; il apporte aussi la moitié du bétail ; généralement, il l'achète à son prédécesseur en entrant dans la métairie ; s'il n'a pas les fonds nécessaires à cet effet, le propriétaire les lui avance en se remboursant plus tard sur les produits de l'exploitation. La récolte est partagée en nature ; en règle générale, et sauf convention contraire, le propriétaire et le métayer en ont chacun la moitié ; c'est même de là que le contrat tire son nom (*meta* === moitié). Mais on peut aussi convenir que le partage se fera dans d'autres proportions : on a alors affaire au colonage ou colonat partiaire. En ce cas, le colon a parfois droit à plus de la moitié de la récolte, parfois à moins ; le « Khammès » africain n'en reçoit que la cinquième partie.

Certains contrats mettent à la charge du métayer ou du colon le paiement d'une somme d'argent au propriétaire en sus d'une part des fruits : c'est ce qu'on appelle l'impôt colonique ou la prestation colonique. On explique habituellement que cette charge correspond au loyer de l'habitation personnelle du métayer ou à la part d'impôt que le propriétaire paie pour lui. Mais il faut observer que le métayer a, d'autre part, le plus souvent, à verser lui-même à l'Etat l'impôt mobilier et la moitié de l'impôt foncier. Les améliorations foncières sont faites aux frais des deux parties, si elles sont d'accord ; le propriétaire peut les imposer, en en prenant le coût à sa charge. Le bail se fait d'ordinaire pour un an, mais il est généralement renouvelé par tacite reconduction, souvent pendant de très longues années.

Que vaut un pareil mode d'exploitation ? Il y a longtemps que les économistes ont porté sur lui un jugement. Déjà Hippolyte Passy, dans son célèbre livre sur *Les Systèmes de Culture*, en parlait. Léonce de Lavergne, en exposant magistralement *L'Economie rurale de la France*, ne lui était pas très favorable. Il observait que le Nord, le Nord-Est et le Nord-Ouest de notre pays sont entièrement acquis au régime du fermage, tandis que le métayage existe au Centre, dans l'Ouest et dans le Midi. Il faisait remarquer que les trois premières régions sont très riches et les trois dernières relativement pauvres ; que les unes pratiquent l'individualisme et les autres le régime communautaire ; que les premières sont progressistes et les secondes stationnaires. Ses successeurs ont partagé sa façon de voir et signalé la pauvreté, l'ignorance et la routine des métayers comme les vices typiques de ce mode d'exploitation. Suivant eux, le métayage est un genre de tenure inférieur qui doit ou qui devrait céder la place au fermage. Une pareille proposition, dans son dogmatisme absolu, ne saurait être de mise aujourd'hui. Un grand fait s'est produit, qui ne peut point ne pas influer sur les appréciations.

C'est la crise rurale, la baisse des prix des produits agricoles. Cette crise a lourdement sévi sur les pays de fermage, elle a relativement épargné les pays de métayage. Pourquoi cela ? D'une part, le métayer n'a point, comme le fermier, à vendre ses produits pour rémunérer le propriétaire, puisqu'il paie celui-ci en nature ; il ne souffre donc pas, quant à sa redevance, de la dépression des cours. Il est vrai que sa propre moitié est dépréciée ; mais la plus grande partie de celle-ci, il la consomme en nature ; sa valeur en usage n'a pas baissé avec sa valeur en échange. En outre, aux moments difficiles, il a un banquier tout indiqué dans son co-intéressé, le propriétaire ; pour lui, le problème du crédit agricole se trouve, de la sorte, en partie résolu.

D'autre part, le propriétaire est aussi moins atteint par la crise dans ce régime que dans tout autre. Il l'est moins que dans le fermage, car chacun sait que les fermiers trouvent dans la crise, très fréquemment, une raison ou un prétexte pour ne pas payer leur redevances ; le propriétaire, en ce cas, perd tout, tandis qu'avec le métayage, sa part de fruits ne lui échapperait pas. Il l'est moins, aussi, que dans le faire-valoir : car, à défaut de métayers, il lui faudrait des travailleurs salariés ; or, la main-d'œuvre agricole est relativement chère ; elle a beaucoup monté au cours du xixᵉ siècle, et la crise n'a fait que ralentir ce mouvement ascensionnel ; pour lutter contre l'attrait des villes, il faut offrir aux paysans de bons salaires ; les prix de revient en sont majorés pour le propriétaire faisant valoir. Aussi entend-on presque toujours les propriétaires qui ont à la fois des métairies et des « réserves » (c'est-à-dire des domaines qu'ils exploitent eux-mêmes), préférer les résultats des premières à ceux des secondes. Toutes ces raisons expliquent que le métayage se maintienne là où il existait, et même s'implante ailleurs. On a vu, sous l'influence de la crise, des propriétaires transformer leurs fermiers en métayers. On en a vu d'autres qui avaient antérieurement fait la transformation inverse et changé leurs métayers en fermiers, revenir au métayage. C'est la preuve que ce dernier régime a de sérieux mérites économiques.

Il possède, en outre, un avantage social que l'on ne saurait méconnaître. Il unit les intérêts des deux parties, que les autres régimes tendent à diviser. Le fermier et le salarié rural sont le plus souvent jaloux du propriétaire ; le socialisme agraire commence à se développer chez eux. Il semble avoir beaucoup moins de prise sur les métayers. Car ceux-ci sentent, d'une façon palpable, la solidarité de leur cause et de celle du maître du sol. Dans le métayage, en effet, les gains des deux co-partageants sont en raison directe l'un de l'autre, tandis que dans le fermage et le faire-valoir avec salariés, ils semblent trop souvent être en raison inverse. Seuls, dans le monde rural, le propriétaire et le métayer peuvent vraiment se sentir des associés, et nul sentiment n'est plus propre à maintenir et à accroître la concorde sociale.

Ce n'est pas à dire, bien entendu, que le métayage soit une panacée. Il ne donne tous ses fruits que si le propriétaire réside la plus grande partie de l'année sur sa terre, et collabore vraiment avec son colon. Il suppose aussi des métairies d'une étendue limitée, car avec de trop grands espaces, le travail du colon et de sa famille ne suffirait pas, et il faudrait faire appel aux coûteux journaliers. Enfin, il n'est guère praticable dans les régions où le cultivateur tient avant tout à son indépendance, car il implique l'acceptation d'une certaine direction donnée par le propriétaire.

Mais là où ses conditions se trouvent remplies, il s'est montré un excellent instrument de résistance à la crise, un mode de tenure très satisfaisant, tant au point de vue économique qu'au point

de vue social. C'est assez pour qu'il y ait lieu de
réviser la sentence défavorable portée jadis contre
lui.

Du métayage il convient de rapprocher la participation aux bénéfices, en tant qu'elle est prati-
quée dans l'agriculture. Ce n'est pas qu'il y ait
identité entre eux. La participation suppose au
préalable l'engagement d'un travailleur contre un
salaire fixe, et de ce salaire elle n'est, comme on
l'a dit, que « le condiment ». L'ouvrier partici-
pant aux bénéfices est beaucoup moins près que
le métayer d'être l'associé du propriétaire. En
outre, tandis que le métayage s'adapte surtout
aux domaines de moyenne étendue, la participation ne se conçoit guère que dans de grands domaines, occupant un nombreux personnel, employant des procédés comparables à ceux de l'industrie. Elle suppose aussi que ce personnel est
fixe, qu'il existe une comptabilité régulière, que
le propriétaire est très attaché à son entreprise
et à ses collaborateurs, et enfin que les résultats
de l'exploitation sont satisfaisants. Il y a là un
ensemble de conditions qui se trouveront assez
rarement réunies. Voilà pourquoi la participation
aux bénéfices ne rencontre que peu d'applications
dans l'agriculture. Le grand économiste Thünen
l'avait établie dans son domaine de Tellow, en

Mecklembourg ; elle y fut continuée par son fils et son petit-fils, mais on ne voit pas qu'elle ait duré au-delà de 1876. En Irlande, à Rahaline, M. Vandeleur l'avait instituée en 1831 et elle réussit d'abord fort bien ; la saisie du domaine empêcha l'expérience de se continuer. Des tentatives analogues furent faites par MM. Dollfus à Montrose (Médoc), par M. Laroche-Joubert à La Texandrie, par le comte de Lariboisière à Monthorin (Ille-et-Vilaine) ; elles durent être abandonnées. Le succès, au contraire, semble avoir couronné les efforts faits dans le même sens par M. Albert Cazeneuve à Esquiré (Haute-Garonne) et par notre collègue M. Edouard Goffinon aux Grézy (Gironde). Mais ces œuvres ne se soutiennent que grâce à la générosité de leurs auteurs. M. Goffinon arrive à distribuer en moyenne à ses ouvriers, à titre de participation, une somme égale au dixième environ de leurs salaires. Seulement cette somme n'a aucune relation fixe avec les bénéfices de l'entreprise. Dans les bonnes années on constitue une réserve pour parer aux insuffisances des mauvaises, de façon que le supplément de salaire soit toujours à peu près égal à lui-même, et qu'il soit distribué même quand l'entreprise n'a pas de bénéfices. De plus, pour l'établissement de ses comptes. M. Goffinon ne porte pas aux frais généraux l'intérêt de son capital. Bien qu'il s'en défende, c'est là de la philantropie, de la meilleure il est vrai. La participation aux bénéfices dans l'agriculture ne semble donc pas être, économiquement parlant, un régime très répandu, dont la théorie scientifique soit bien assise et qui soit susceptible d'une large diffusion. On ne saurait néanmois qu'applaudir aux efforts des hommes généreux qui veulent, grâce à lui, procurer plus de bien-être aux populations rurales.

Au total, le métayage et la participation agricole sont deux modes d'exploitation, l'un très ancien, l'autre récent, qui tendent à intéresser directement le travailleur aux résultats de son labeur. Sans qu'ils puissent prétendre remplacer le faire-valoir direct et le fermage, ils ont, le premier surtout, leur rôle à jouer dans l'économie rurale de nos pays, et un assez grand rôle. Economiquement, ils pourront aider à l'accroissement de la production. Socialement, ils contribueront à la concorde du propriétaire et du travailleur manuel. Ils méritent donc notre attention et même notre sympathie.

— Cette communication a été suivie d'une discussion à laquelle ont pris part MM. Daniel Zolla, Emile Macquart, Maurice Boverat, René Worms et M. le président Frédéric Passy.

La condition légale des comices agricoles.

Communication faite à la *Société nationale d'agriculture*,
le 19 juillet 1905.

M. René Worms. — Je voudrais entretenir un instant la Société d'une question juridique qui présente un intérêt actuel : celle de la condition légale des comices agricoles. Chacun sait les services que ces institutions rendent ; mais on est moins éclairé sur leur nature en droit. Un avis du Conseil d'Etat a été émis le 5 mai 1904 à ce sujet. Il s'agissait d'un comice agricole qui, en vue de bénéficier d un don important, demandait à être reconnu comme établissement d'utilité publique ; seules, en effet, entre toutes les sociétés, celles qui ont obtenu cette reconnaissance peuvent recevoir des dons ou legs. L'avis du Conseil d'Etat a été adopté par le Ministre de l'Intérieur, auquel ressortissent actuellement toutes les demandes en reconnaissance d'utilité publique, quelle que soit la nature des sociétés qui les forment. Le Ministre a décidé l'insertion de l'avis du Conseil d'Etat dans la *Revue d'Administra-*

tion, ce qui permet à chacun de le connaître et de le commenter.

Aux termes de cet avis, la reconnaissance est refusée au comice demandeur, non point par des raisons de fait tirées de circonstances qui lui soient exclusivement propres, mais bien par une raison de droit, à savoir que les comices agricoles ne sont pas aptes, par leur nature même, à être reconnus d'utilité publique. Mais pourquoi ? Est-ce parce qu'on ne veut pas les voir se rattacher à l'organisme de l'Etat, parce qu'on refuse de leur communiquer même une parcelle de la vie publique et administrative ? Tout au contraire. C'est parce qu'on déclare qu'ils se trouvent déjà liés à cet organisme, qu'ils participent dès maintenant à cette vie dans une très large mesure, plus large que celle même qu'ils sollicitent en demandant leur reconnaissance d'utilité publique.

Pour bien nous faire comprendre, rappelons certains principes du droit administratif français. Cette participation à la vie publique, dont nous parlions il y a un instant, peut exister à trois degrés différents. Au plus haut degré, elle crée le service public ; au degré intermédiaire, elle caractérise l'établissement public ; au degré le moins élevé, elle constitue l'établissement d'utilité publique. Un service public, c'est une frac-

tion de l'administration elle-même ; tel est, par
exemple, un ministère, une préfecture. Un établissement public, c'est un groupe de citoyens in-
vestis d'une mission publique spéciale et limitée,
eu vue de laquelle leur ensemble a une personnalité autonome : tel un conseil de fabrique, un
bureau de bienfaisance. Un établissement d'utilité
publique, enfin, c'est une société privée, à laquelle
l'État, en récompense de ses mérites, accorde
aussi une personnalité, lui permettant de recevoir
des libéralités : telles sont de nombreuses sociétés
scientifiques ou philantropiques.

Un comice agricole rentre-t-il dans l'une ou
dans l'autre de ces catégories ? Il semblait à
nombre de bons esprits qu'un comice est une
association libre, soumise à quelques règles légales pour sa formation et susceptible de recevoir
une subvention de l'État qui l'aide à atteindre son
but essentiel : la distribution de primes d'encou-
ragement aux cultivateurs, aux éleveurs, aux
propriétaires d'industries agricoles, ayant fait
preuve de zèle et de réussite dans leur spécialité.
A leurs yeux, le maximum de ce qui pouvait être
admis dans la voie du rattachement d'un comice
à l'État, c'était sa reconnaissance comme établissement d'utilité publique. Mais l'avis dont nous
parlons vient dire tout autre chose. Il déclare que

les comices, au moins s'il se sont constitués conformément aux règles de la loi du 20 mars 1851
et du décret du 25 mars 1852, « ont le caractère
d'institutions d'État et sont des organes de l'administration publique », et qu'à ce titre ils ne
sont pas susceptibles de cette reconnaissance. Où
faudra-t-il dès lors les ranger? Parmi les services publics? On n'y songe pas. Parmi les établissements publics? Ce serait leur attribuer à
tous, sans nécessité d'une reconnaissance individuelle, une personnalité propre, et l'on verra
bientôt que l'avis est tout à fait contraire à cette
idée. Il ne reste donc, pour l'interpréter, qu'une
seule solution. C'est de les ranger dans une catégorie à part, de faire une classe pour eux seuls,
de déclarer qu'ils sont « des organes de l'État *sui
generis* ». L'addition de ces deux mots latins tire
provisoirement le commentateur d'embarras, mais
il va sans dire qu'elle ne résout pas la question.

Sur quoi donc a pu s'appuyer l'avis pour dire
que les comices agricoles sont des organes de
l'État? Sur une interprétation d'un texte un peu
ancien, la première loi qui ait régi ces comices.
Nous voulons parler de la loi du 20 mars 1851
« sur l'organisation des comices agricoles, des
chambres et du conseil général d'agriculture ».

Le titre premier de cette loi est consacré aux comices. Il porte qu'il en sera établi un ou plusieurs dans chaque arrondissement (article 1er). Ont le droit d'en faire partie les propriétaires, fermiers, colons ou leurs enfants. Le règlement constitutif de chaque comice devra être soumis à l'approbation du préfet (article 2). Les comices existant, lors de la promulgation de la loi, sont maintenus. Les sociétés s'occupant d'agriculture pourront être assimilées aux comices (article 3). Sur la proposition du préfet, le conseil général du département fixe la circonscription des comices établis sur son territoire (article 4). Les comices correspondent avec les chambres d'agriculture. Ils sont particulièrement chargés des intérêts agricoles pratiques, du jugement des concours, de la distribution des primes ou autres récompenses dans leurs circonscriptions (article 5). — Le titre II de la loi traite des chambres d'agriculture. Notre Société, qui a discuté assez récemment la question de la reconstitution ou réorganisation de ces chambres, sait qu'on trouve dans cette loi de 1851 un utile précédent en la matière. D'après ses dispositions, il y a une chambre d'agriculture par département. Elle est élue par les comices agricoles chacun d'eux nommant un délégué pour chaque canton qu'il renferme (article 6). Ces chambres présentent au gouvernement leurs vues sur les objets d'intérêt général. Elles sont consultées, à moins d'une urgence extrême, sur tout ce qui touche à l'agriculture : les impôts, la police, les eaux, etc. Elles doivent nécessairement être consultées sur l'emplacement des foires et marchés, les subventions à l'agriculture, l'enseignement agricole. Elles sont chargées de la statistique agricole du département (article 15). Leurs dépenses sont inscrites au budget départemental (article 18). Enfin « les chambres d'agriculture sont reconnues comme établissements d'utilité publique et peuvent, en cette qualité, acquérir, recevoir, posséder et aliéner, après y avoir été dûment autorisées » (article 20). — Quant au titre III de la loi, il institue un conseil général d'agriculture et il en définit la composition et les attributions. Ce conseil est établi près le ministre de l'agriculture et du commerce (article 21). Il est élu par les chambres d'agriculture, à raison d'un membre pour chacune d'elles ; et il peut se compléter par cooptation, en s'adjoignant au maximum dix autres membres (article 22). Il est saisi de toutes les questions qui ont dû être soumises aux chambres d'agriculture, et, sur elles toutes, il formule son avis (article 24).

Tel est le texte initial, celui de la loi du 20

mars 1851. Un an après, il était modifié. Un décret rendu pendant la période dictatoriale et qui, par suite, équivalait à une loi, le décret du 25 mars 1852, « sur l'organisation des chambres consultatives et du conseil général d'agriculture », remania dans un sens restrictif les textes relatifs à ces institutions. Son titre Ier portait sur les chambres consultatives. Désormais il y en aurait une par arrondissement, et non plus par département. Leurs membres ne seraient plus élus par les comices, mais nommés par l'autorité ; le préfet, dit l'article 2, désigne dans chaque canton un agriculteur notable pour faire partie de la chambre. Leur avis, autrefois obligatoire dans nombre de cas, n'est plus jamais que facultatif. Elles demeurent chargées de la statistique agricole, chacune dans son arrondissement, Elles restent aussi reconnues comme établissements d'utilité publique. — Dans le titre II du décret, il est question du conseil général d'agriculture. Ses membres ne se verront plus élus par les chambres locales, mais désignés par le ministre, qui les choisit permi les membres de ces chambres. Sa consultation, à lui aussi, n'est plus que facultative. Aucune disposition du décret ne porte spécialement sur les comices. Mais il va de soi que, en leur retirant le droit d'élire les membres des chambres d'agriculture, ce texte diminuait en fait leur situation. Leur action officielle était par là limitée, sans, bien entendu, que l'action du pouvoir sur eux fût amoindrie.

Nous ne connaissons, depuis lors, qu'un seul texte important qui ait visé les comices agricoles. C'est la loi relative aux conseils généraux, du 10 août 1871. Une partie de son article 68 est ainsi conçue : « Les subventions aux comices et associations agricoles ne pourront être allouées par le ministre compétent que sur la proposition du conseil général. A cet effet, le conseil général dressera un tableau collectif des propositions en les classant par ordre d'urgence ». On ne peut pas dire que cette loi accroisse ni diminue le caractère officiel des comices agricoles. Elle règle simplement, à leur égard, les rapports de l'autorité départementale et de l'autorité centrale.

En somme donc, pour établir que les comices agricoles sont « des organes de l'administration publique », on ne peut guère se fonder que sur deux dispositions de la loi du 20 mars 1851. L'une est celle qui soumet leur règlement constitutif à l'approbation du préfet. L'autre est celle qui charge le conseil général de fixer, sur la proposition du préfet, leurs circonscriptions. Et, pour leur refuser l'aptitude à être reconnus d'utilité publique, on ne peut invoquer, en outre, que l'argument *a contrario* tiré de ce que cette loi accorde en bloc cette reconnaissance à toutes les chambres d'agricultuie, en restant muette à cet égard sur les comices. Mais tous les jurisconsultes savent que l'argument *a contrario* est toujours d'un emploi discutable. Il l'est particulièrement dans la circonstance : car, de ce que tous les comices ne sont pas collectivement reconnus d'utilité publique, il ne s'ensuit évidemment point que certains d'entre eux ne puissent le devenir par décision individuelle.

La solution donnée par l'avis n'allait donc pas d'elle-même. Quoi qu'il en soit, elle a été adoptée par les pouvoirs publics. Il n'y a plus qu'à s'incliner devant le fait accompli. C'est un point de droit nouveau réglé par l'autorité administrative la plus haute.

Les auteurs de l'avis n'ont, du reste, point entendu faire œuvre défavorable aux comices. Sans doute, ceux-ci, faute de la reconnaissance d'utilité publique, n'auront point par eux-mêmes une capacité juridique leur permettant de recevoir des dons et des legs. Mais, d'après l'avis, ils sont des organes de l'Etat. Pourquoi, dès lors, ne recourraient-ils pas à ce dernier pour recueillir ces bienfaits ? On peut donner, on peut léguer à l'Etat une somme d'argent, sous la condition qu'il en transmette l'émolument à tel comice agricole, pour que celui-ci emploie les intérêts de cette somme en primes et récompenses. Le don ou le legs sera alors accepté par le ministre de l'agriculture, représentant l'Etat, et celui-ci ne manquera pas d'en faire parvenir les produits annuels au comice que le donateur ou le testateur aura voulu gratifier. Ainsi, bien que dépourvus de personnalité propre, les comices pourront, d'après l'avis, bénéficier indirectement, « par l'intermédiaire de l'Etat dont ils sont les auxiliaires », des libéralités qui leur seraient destinées. De la sorte, les intérêts généraux dont ils ont la garde ne seront pas mis en péril, et leur propre fonctionnement trouvera, dans ces libéralités, un aliment nouveau.

Veut-on, néanmoins, échapper à la petite complication que cette procédure entraîne ? Cherchons les moyens qu'on a pour cela. D'abord, l'avis a soin de spécifier qu'il s'applique uniquement aux comices agricoles constitués en conformité de la loi du 20 mars 1851. Or, il y a, dans notre pays, un très grand nombre de comices qui se sont formés sans s'astreindre aux prescriptions de celle-ci, par exemple, sans faire délimiter leur circonscription par le conseil général du département. On pourrait soutenir, sans rien contester de l'avis, que ceux-ci sont des sociétés libres, non des organes de l'Etat. Par suite, rien ne les empêcherait de poursuivre la reconnaissance d'utilité publique. Seulement, il faut convenir qu'ils ne seraient pas en très bonne posture pour l'obtenir. S'être créés en dehors des conditions légales ne leur constituerait pas une haute recommandation pour une faveur de cet ordre. Ajoutons que, même simplement en vue de leur fonctionnement normal, pour pouvoir distribuer des primes, il faut d'ordinaire aux comices des subventions de l'Etat et du département. Ils ont naturellement plus de chances de les obtenir s'ils se sont placés dans les conditions de la loi que dans l'hypothèse contraire. On ne saurait donc conseiller aux personnes qui voudraient fonder des comices agricoles, de prendre ce titre tout en faisant abstraction du texte de 1851. D'ailleurs, en dehors des considérations d'intérêt qui les engagent à ne pas le faire, il faut songer que la loi, même ancienne, même vieillie, est toujours la loi, que tous les citoyens lui doivent le respect, et que ce ne peut être à nous d'inviter à sa violation.

Mais il reste d'autres solutions, heureusement plus légales. Le Conseil d'Etat lui-même les a

indiquées dans son avis. Les comices, dit-il, ne
sont pas seuls chargés de la représentation des
intérêts agricoles. Ceux-ci peuvent être confiés à
des associations ordinaires, du type prévu par la
loi du 1er juillet 1901 ; à des syndicats professionnels, régis par la loi du 21 mars 1884 ; enfin, à
des associations syndicales, gouvernées par les
lois de 1807 et de 1865. Rien n'empêche que la
tâche usuelle des comices, la distribution des
récompenses, soit assumée par l'une ou l'autre de
ces trois espèces de sociétés, surtout par les
deux premières. Car aucun texte législatif n'a dit
que les comices en sont chargés à l'exclusion de
tout autre groupement. La forme d'association
proprement dite, telle que l'a réglementée le
législateur de 1901, nous paraîtrait fort bien
convenir dans l'espèce. Elle offre, en effet, de
grandes facilités : l'association se constitue librement, sans approbation d'aucune sorte ; une
simple déclaration à la préfecture suffit pour lui
faire acquérir un commencement de personnalité
civile, lui permettant d'avoir un patrimoine et
d'ester en justice. La reconnaissance d'utilité
publique est possible pour elle, et elle pourra
l'obtenir, avec les avantages de la pleine personnalité, quand elle aura fait preuve d'une suffisante vitalité, acquis un patrimoine sérieux,

donné des gages d'une activité réglée et féconde. Il nous semble que c'est sous cette forme et sous ce nom d'association que les comices agricoles nouveaux auraient intérêt à se créer, et que les anciens auraient peut-être avantage à se réorganiser.

— Cette communication a provoqué des observations de MM. Louis Passy, Muret, P. Gauwain et H. Sagnier.

LA CIRCULATION DES RICHESSES ET L'AGRICULTURE

Les bons d'importation

La Chambre des Députés ayant voté une proposition de loi relative à la création de bons d'importation, le Sénat s'en trouvait saisi. La Société
d'économie politique étudia la question dans sa
séance du 5 mars 1901. Tour à tour, MM. Raphaël-Georges Lévy, Arthur Raffalovich et Yves
Guyot se prononcèrent, devant elle, contre la
proposition, en la combattant au nom des principes de l'école économique libérale. Après avoir
résumé leurs discours, le compte-rendu de la
séance (1) porte ce qui suit :

M. René Worms ne pense pas que des formules générales puissent suffire à résoudre des
problèmes particuliers. Il ne croit pas, notamment, que la liberté constitue en matière économique une panacée universelle, si désirable

(1) *Journal des Economistes*, 15 mars 1905.

qu'elle soit en principe. Un pays a le droit et peut-être le devoir de défendre celles de ses industries qui périclitent, surtout lorsqu'elles sont d'une importance vitale, comme le travail agricole. Une certaine protection, sagement et rationnellement dosée, est admissible pour elles. Peut-être même, lorsqu'il faut protéger, vaut-il mieux le faire par des primes que par des droits de douane. Car avec le premier de ces deux systèmes, tel que l'a préconisé M. Charles Gide, on voit exactement ce qu'on fait, on touche du doigt les sacrifices qu'on supporte et on les limite. Mais la proposition de loi sur les bons d'importation, actuellement soumise au Sénat, rentre-t-elle dans la catégorie des mesures de protection rationnelle ? Là est, à ses yeux, le problème.

Pour le résoudre cherchons, dit-il, les raisons qui en ont motivé le dépôt. Il en aperçoit deux principales. D'abord, il existe en France à l'heure actuelle des stocks de blé importants. Ils viennent, pour une part, de ce que le droit de douane ayant été suspendu par décret en mai et juin 1898, par crainte de la famine, les importateurs ont aussitôt fait entrer en franchise des quantités considérables de céréales. L'existence de ces stocks tient aussi, pour une autre part, à ce que la récolte de 1898, venue à la suite de cette pénurie momentanée, et celle de 1899 ont été extrêmement abondantes. Il résulte de là qu'il y a aujourd'hui encombrement de nos greniers et qu'on cherche à les vider par l'exportation. — En second lieu, les agriculteurs se plaignent de ce que le droit de douane sur les blés étrangers importés en France, de 7 francs par 100 kilogrammes d'après la loi, ne joue pas actuellement pour la totalité. Cela tient au régime de l'admission temporaire. Un meunier du Midi fait entrer en France un quintal de blé étranger en franchise à condition de réexporter la quantité de farine correspondante. Mais ce blé, qu'il a choisi de la qualité agréable aux populations du Midi, il le livre à la consommation dans sa propre région. Puis il s'entend avec un meunier du Nord pour que celui-ci apure son acquit-à-caution en exportant. en Angleterre par exemple, une quantité égale de farine, provenant de blés du Pas-de-Calais. S'il lui paie 1 franc 50 de ce chef, il a d'autre part économisé les 7 francs du droit de douane. Celui-ci n'a donc joué que pour la moitié de son montant nominal. La protection établie par la loi de 1894 manque, dès lors, à moitié son effet. Voilà une seconde raison pour que les agriculteurs demandent la substitution, au régime de l'admission temporaire, de celui des bons d'importation.

Mais ces considérations sont-elles décisives ?
L'orateur a de la peine à le croire. Pour parer au
second grief des agriculteurs, il suffirait de modifier le régime de l'admission temporaire. Pour
répondre à la première de leurs doléances, il faudrait que le warrantage des récoltes se généra-
lisât. Quant aux bons d'importation, il est aisé
d'en apercevoir les inconvénients. En voici trois
qui paraissent capitaux : 1° Le paiement de ces
bons va constituer une très lourde charge pour
le Trésor. Il y creusera un déficit considérable
qui ne pourra être comblé que par l'établissement
de nouveaux impôts. — 2° Le prix du pain renché-
rira en France, le blé s'y faisant plus rare en raison de l'exportation. Toutes les petites bourses
en souffriront cruellement, non seulement celles
des ouvriers urbains, mais aussi celles des journaliers agricoles. Par contre, le blé exporté coû-
tera moins cher à l'étranger, puisque ses producteurs français, aidés par la prime, pourront l'y
céder à meilleur prix. On va donc améliorer la
condition du travailleur étranger en même temps
qu'on empirera celle du travailleur français (on l'a
fait déjà par les primes à la sortie des sucres,
mais le blé est autrement nécessaire). Ce sera,
pour notre patrie, une difficulté de plus dans sa
lutte industrielle et commerciale avec les pays

voisins. — 3° Enfin par cette mesure on entre dans
une voie d'autant plus dangereuse que nul ne
peut en voir le terme. Après le blé, ce seront le
bétail, le vin, etc..., qui demanderont à être protégés par des primes de sortie, et il n'y aura pas
de raison pour les leur refuser. — Il ne paraît
vraiment pas nécessaire d'invoquer d'autres arguments. L'orateur n'approuve pas, par exemple,
celui qui consiste à dire que les nouveaux bons
permettront à la spéculation d'accaparer le blé
français, de l'exporter et de le revendre ensuite
en France à des prix de famine. Car une pareille
opération paraît en pratique irréalisable. Mais on
a donné de si singuliers arguments de l'autre
côté ! On a dit que, sans cette mesure, nos campagnes vont perdre tous leurs habitants. Ne voit-
on pas au contraire que, par elle, c'est la France
elle-même qui risquerait de se dépeupler encore
au profit des pays étrangers, puisque la vie à bon
marché serait rendue impossible chez elle et plus
facile chez eux ? — En somme, la création pro-
posée ne saurait rentrer dans la notion de la protection rationnelle. Elle sacrifie aux avantages de
quelques-uns le bien-être de tous ; elle est contraire aux vrais intérêts de la démocratie et de
notre patrie. Elle mérite d'être repoussée par le
Sénat.

Prennent ensuite la parole MM. Boverat, Zadocks de Mœrkerke, de Chasseloup-Laubat, Alfred Neymarck et M. le président E. Levasseur.

Peu de jours après, le Sénat repoussait la proposition de loi portant création des bons d'importation.

La politique douanière agricole de l'empire ｜allemand.

Etude sur un livre de M. Jacques Lyon (*Société nationale d'agriculture*, 25 novembre 1903).

M. René Worms. — J'ai l'honneur de présenter à la Société, de la part de l'auteur, un ouvrage intitulé : *La politique douanière agricole de l'empire allemand*, par M. Jacques Lyon, licencié ès-lettres, docteur en droit, avocat à la Cour d'appel de Paris. C'est un volume considérable, de plus de 400 pages in-8 (1), dû à des recherches personnelles faites en Allemagne même et dans les meilleurs documents allemands. C'est de plus un travail clair et précis, bien divisé et relativement facile à lire. La Faculté de droit de Paris, à laquelle il avait été soumis comme thèse de doctorat, vient de le couronner. On peut le citer comme preuve de l'intérêt croissant qu'ex-

(1) Paris, imprimerie Paul Dupont, 1902.

citent, dans nos Facultés, les questions d'économie et de législation rurales.

La première partie du livre est un historique de la législation douanière. L'empire allemand fut d'abord libre-échangiste, les agriculteurs comme les industriels y ayant trouvé leur compte. A partir de 1877 un mouvement protectionniste se dessina, et aboutit en 1879 au vote d'un tarif doua· nier, qu'accentuèrent encore des lois de 1881, 1885 et 1887. Puis, vers 1890, une troisième phase commença : celle des traités de commerce; il en fut successivement conclu avec l'Autriche, la Suisse, l'Italie, la Belgique, la Russie, etc., les relations avec la France étant réglées par l'article 11 du traité de Francfort. Mais ces traités de commerce viennent actuellement ou prochainement à expiration et l'on songe à aggraver de nouveau le tarif autonome.

La plus grande partie du volume est ensuite relative à la question des céréales. Elle est très instructive pour nous, Français, car les problèmes qui se posent sur ce sujet, en Allemagne, rappellent ceux que nous avons à résoudre dans notre pays, bien que l'auteur ne soit pas entré dans la comparaison des deux Etats. Sans nous astreindre à analyser ses chapitres dans l'ordre où il les présente, nous dirons seulement, à un point de vue synthétique, qu'il a bien fait voir en quoi consistent les principales luttes économiques qui se livrent sur ce terrain. C'est d'abord la lutte des nationalités : les concurrents du blé allemand, en Allemagne même, sont surtout le blé des Etats-Unis et le blé russe, favorisés, le premier par une bonne organisation commerciale et par le bas prix des transports maritimes, le second par la faible rémunération dont se contente le cultivateur.

Vient ensuite, au sein même de l'Allemagne, la lutte des provinces, de l'Est surproducteur contre l'Ouest surtout consommateur de céréales, qui se traduit notamment par des débats au Parlement sur le développement des canaux. Puis il faut tenir compte, là comme partout, de la lutte des deux grandes classes de producteurs, les agriculteurs et les industriels, les ruraux et les urbains. Liée à celle-là, se présente la lutte des cultivateurs et des minotiers, notamment dans la question de l'admission temporaire et des bons d'importation. Enfin, parmi les cultivateurs eux-mêmes, les propriétaires ne font pas toujours bon ménage avec les journaliers, et entre eux aussi existe une lutte de classes. On trouvera sur tous ces points d'utiles indications dans le présent ouvrage.

Il renferme également plusieurs chapitres sur les

questions du sucre et de l'alcool. Et sa conclusion résume le débat des agrariens et de leurs adversaires, les premiers soutenant que l'empire doit s'intéresser essentiellement à la vie rurale et assurer la prépondérance des intérêts agricoles en même temps que la persistance des mœurs traditionnelles à la campagne, les seconds estimant au contraire que le progrès ne peut consister que dans une croissante « industrialisation ». C'est un débat qui n'est pas, en Allemagne plus qu'ailleurs, susceptible de recevoir une solution simple.

En un mot, le livre de M. Jacques Lyon est un écrit d'une réelle importance, instructif et suggestif, dont la Section compétente aura sans doute intérêt à prendre connaissance.

Le crédit agricole et les lois récentes qui le favorisent.

Communication faite à la *Société d'économie politique*, le 5 mai 1899 (1).

M. René Worms a la parole pour poser la question. Le crédit, dit-il, présente pour l'agriculteur le même genre d'intérêt que pour l'industriel ou le commerçant. On sait les services considérables qu'il rend à ceux-ci ; il est « l'âme des affaires », il permet au chef d'entreprise de commencer, avec des capitaux d'emprunt, de fructueuses opérations sur le produit desquelles il remboursera ses prêteurs. Eh bien ! l'agriculteur aussi est un chef d'entreprise ; pour mettre sa terre en valeur, il a souvent besoin d'acheter des instruments, du bétail, des engrais, des semences et, comme il n'a pas toujours des fonds personnels suffisants, il faut qu'il puisse en emprun-

(1) Extrait du *Journal des Economistes*, du 15 mai 1899.

14.

ter, sauf à se libérer plus tard sur le produit de ses récoltes. Le crédit lui est donc nécessaire en tout temps. Mais il l'est plus particulièrement à l'heure actuelle. Une crise intense, en effet, a sévi depuis vingt-cinq ans sur l'agriculture française, par suite notamment de la concurrence étrangère. Elle s'est traduite, entre autres résultats, par la baisse du prix des denrées agricoles, par la diminution forcée des fermages et par la difficulté de trouver des fermiers, voire même sur certains points par l'abandon de cultures qui avaient cessé d'être rémunératrices. L'orateur a pu en apprécier les effets dans le Calvados, et beaucoup d'autres départements ont été dans le même cas. Contre ce mal, on a proposé bien des remèdes : l'établissement de droits protecteurs contre l'importation des produits étrangers, les primes à la production ou à l'exportation nationale, le dégrèvement de l'impôt foncier, le retour au bimétallisme complet avec reprise de la frappe libre de l'argent. Au lieu de toutes ces mesures, ne vaudrait-il pas mieux faciliter aux agriculteurs l'accès du crédit, qui leur permettra de perfectionner leurs modes d'exploitation, de rendre leur culture plus intensive, de lutter ainsi à armes plus égales contre leurs concurrents étrangers ?

Peut-être objectera-t-on que les agriculteurs ont déjà à leur disposition le crédit foncier. Mais le crédit foncier n'est pas la même chose que le crédit agricole. Le premier a pour but de fournir les fonds à celui qui veut construire sur sa terre ou qui veut acheter un domaine. Le second a pour but de les procurer à celui qui veut mettre en valeur son bien rural. Ainsi le premier ne s'adresse qu'aux propriétaires, le second s'adresse à tous les exploitants du sol, qui peuvent être des fermiers, des métayers, des colons partiaires. Le premier est urbain, au moins autant que rural ; le second se confine dans les milieux campagnards. Voilà pourquoi le crédit foncier, fût-il encore plus parfaitement organisé qu'il ne l'est en France, ne dispense pas du crédit agricole.

Maintenant, étant admis qu'il faut travailler à développer ce dernier, est-ce au législateur que cette tâche peut incomber ? On objecte qu'il ne devrait jamais légiférer pour une seule classe de la société. Mais, en fait, n'y a-t-il pas déjà une législation commerciale, une législation de la banque et de la bourse, une législation industrielle, une législation ouvrière, ayant chacune leurs principes et leurs caractères distincts ? Pourquoi se refuser à faire pour l'agriculture ce qu'on a fait pour toutes les autres professions de l'ordre économique? Il nous importe peu, au fond, qu'il y ait des lois exclusivement propres à l'agriculture, pourvu que ces lois soient bonnes.

Ces lois spéciales, on a tenté d'en faire dans trois directions. On a d'abord proposé la « commercialisation » des engagements agricoles. Le cultivateur, a-t-on dit, trouverait plus facilement du crédit, si les prêteurs savaient pouvoir compter davantage sur son exactitude à l'échéance. Or cette exactitude deviendrait plus grande, si les engagements du cultivateur étaient soumis aux règles rigoureuses du Code de commerce, s'ils entraînaient, en cas de difficulté, la juridition commerciale et, en cas de non paiement, le protêt et la faillite. Mais on a répondu que « la perspective de la faillite était de nature à épouvanter les milieux ruraux ». De plus, on a fait valoir que l'agriculture n'était pas placée, par la nature des choses, dans les mêmes conditions d'exercice que l'industrie et le commerce. Elle dépend, en effet, infiniment plus qu'eux, du cours des saisons et elle est à la merci des phénomènes physiques ; les intempéries peuvent anéantir la récolte et il serait trop dur d'exposer le cultivateur aux rigueurs de la faillite, lorsqu'il s'est vu obligé de différer ses paiements par l'effet de calamités naturelles qu'il n'a pu conjurer. Ces raisons ont fait jus-

qu'ici repousser la « commercialisation » des engagements ruraux. Il ne restait, dès lors, que
deux moyens d'assurer le crédit aux agriculteurs :
ils consistaient à organiser soit le crédit réel, soit
le crédit personnel, et le législateur a voulu
suivre ces deux voies tout ensemble.

Le crédit réel est celui qui est accordé sur la
garantie d'un gage matériel. Le gage qu'offrira
ordinairement le cultivateur, ce sera sa récolte.
Mais on ne peut songer à déplacer celle-ci pour
la déposer chez le prêteur, qui souvent n'aurait
pas le local pour la recevoir. On a pensé à la
verser dans des magasins généraux, analogues
aux *elevators* des États-Unis. Il a paru que les
frais de déplacement et les risques de perte seraient trop considérables.

On a alors eu l'idée de constituer le cultivateur
gardien de sa propre récolte, sur laquelle il venait
d'emprunter, en donnant à son prêteur un simple
droit de gage sans déplacement ou plutôt une
hypothèque mobilière ; ce fut l'objet de la loi du
18 juillet 1898, créatrice des warrants agricoles.
Aux termes de cette loi, le cultivateur ne peut
vendre la récolte warrantée sans avoir dégagé le
warrant. Seulement qu'arrivera-t-il, s'il la vend,
au mépris de la loi, sans avoir remboursé son
prêt ? Le créancier réclamera le remboursement

de son prêt à l'acheteur. Mais si celui-ci a déjà payé son prix au vendeur et s'il est lui-même de bonne foi (par exemple, s'il a acheté dans une foire ou dans un marché), il ne pourra être condamné à ce remboursement. Le prêteur pourra, il est vrai, faire condamner l'emprunteur infidèle aux peines de l'abus de confiance. Mais cela ne lui rendra pas son argent. Et il est à craindre que parfois des situations de ce genre ne se produisent, le législateur ayant muni le droit du créancier gagiste de sanctions pénales plutôt que de sanctions civiles.

Quant au crédit personnel, il ne suppose plus la constitution d'un gage. Il est accordé au cultivateur sur la simple foi qu'on a dans son aptitude et sa probité. Mais il ne peut bien fonctionner que si ce cultivateur a des cautions. Pour lui en trouver, on a imaginé d'instituer des sociétés coopératives de crédit agricole. Raiffeisen et Schulze-Delitzsch s'en sont faits les promoteurs, en Allemagne ; la Société d'économie politique a discuté autrefois les mérites respectifs de leurs caisses rurales et de leurs banques populaires. En Italie, M. Luigi Luzzatti et M. Leone Wollemborg ont répandu des institutions analogues. En France, M. Louis Durand, le R. P. Ludovic de Besse et nombre d'autres se sont déclarés leurs émules et ont fondé de nombreuses sociétés coopératives de crédit, mais d'ordinaire en limitant la responsabilité des associés, illimitée en Allemagne. Le législateur a cru devoir favoriser ces œuvres en édictant la loi du 5 novembre 1894. Elle permet aux syndicats agricoles, constitués conformément à la loi de 1884, de former, entre tous leurs membres ou entre certains de leurs membres, une société coopérative de crédit qui a le caractère commercial, mais où il n'existe pas d'actions et qui jouit de certains privilèges, entre autres de l'exonération de la patente. Ce n'est pas tout : ces sociétés, on a voulu leur faciliter l'emprunt des capitaux qu'elles devront à leur tour prêter à leurs membres. L'occasion a paru bonne lors du renouvellement du privilège de la Banque de France. La loi du 17 novembre 1898 a stipulé que l'on emploierait au profit du crédit agricole la nouvelle avance de 40 millions que la Banque de France était tenue de faire à l'État et la redevance annuelle de 2 millions au moins, qu'elle devait lui verser. Complétant son œuvre, le législateur vient, il y a quelques semaines, de décider que les fonds ayant cette provenance seraient prêtés par l'État à des caisses régionales, au nombre d'une vingtaine déjà, qui s'en serviraient pour escompter le papier des associations locales de crédit agricole. Le cultivateur ayant besoin de fonds s'adressera donc à l'association coopérative de sa commune ; celle-ci prendra son billet et, en y joignant sa signature, le passera à la caisse régionale ; si cette dernière est à court d'argent, elle le repassera, avec son propre crédit, à la Banque de France ; un warrant agricole pourra tenir lieu de l'une de ces trois signatures. Tel est le mécanisme par lequel on espère assurer la distribution large et constante du crédit aux agriculteurs.

Peut-être la Société d'économie politique pensera-t-elle qu'il eût mieux valu procéder autrement. On eût pu, par exemple, permettre aux caisses d'épargne, dont les fonds viennent actuellement s'engouffrer dans le Trésor public, de les prêter plutôt aux cultivateurs et aux associations coopératives de crédit. Une loi de 1895 est venue donner à ces caisses le droit de disposer du revenu de leur fortune personnelle et du cinquième du capital de cette fortune en faveur d'œuvres locales. Mais c'est bien peu et il y aurait fort à faire dans cette direction, où l'Italie s'est depuis longtemps engagée avec résolution, au grand profit et de son agriculture et de l'épargne elle-même.

En tous cas, les lois récemment votées en France, que nous venons de rappeler, témoignent chez le législateur d'un louable intérèt pour l'agriculture et d'une juste compréhension de la nécessité du crédit. Les moyens qu'elles ont adoptés pour diffuser ce crédit sont-ils les meilleurs ? Seule, l'expérience saura le dire. Ces lois sont trop récentes pour avoir pu être déjà appliquées et il n'appartiendra qu'à l'expression d'en révéler les mérites et les défauts, de suggérer peut-être pour elles des corrections pratiques et fécondes. En attendant ce jour, on doit, en les jugeant, se garder, sans doute, de tout enthousiasme exagéré, mais aussi de tout esprit de dénigrement systématique. Si le législateur n'a pas produit du premier coup une œuvre parfaite, il a fait du moins de son mieux, et c'est tout ce qu'équitablement on pouvait lui demander.

— A la suite de cet exposé, s'est ouverte une discussion sur le crédit agricole, à laquelle ont pris part MM. E. Brelay, R. Stourm, Eugène Rochetin, Adolphe Coste, Alfred Neymark, Dubois de l'Estang et M. le président Paul Leroy-Beaulieu.

ENSEIGNEMENTS ET RECHERCHES
CONCERNANT L'AGRICULTURE

L'enseignement agricole dans les Universités.

Rapport présenté au *Congrès international
d'enseignement supérieur de 1900* (1).

I. — Les Universités peuvent-elles et doivent-
elles préparer aux carrières agricoles, industrielles, commerciales et coloniales ? La question a
été nettement posée en France à propos de l'insertion, dans la loi de finances de 1898, d'un article qui créait, auprès d'elles, des sections d'é-
tudes intéressant ces carrières. Cet article a été
disjoint de la loi par un vote du Sénat (2), de
sorte que la question est demeurée ouverte. La
haute importance qu'elle présente pour l'avenir
économique de notre pays, nous amène à la reprendre aujourd'hui, mais en la limitant. C'est
uniquement de l'enseignement supérieur prépara-

(1) Extrait du n° d'août 1901 de la *Revue internationale
de l'enseignement*.

(2) Voir F. Picavet, le Sénat et les sections d'études
agricoles (*Revue internationale de l'enseignement*, 1898).

toire à l'agriculture que nous voudrions ici nous occuper.

Il nous paraît incontestable que les Universités peuvent beaucoup pour les progrès de l'agriculture. En faisant mieux connaître les conditions d'existence des végétaux et des animaux, en étudiant plus complètement le milieu (sol, eau, atmosphère) dans lequel ils se développent, en suivant leurs diverses maladies et en en découvrant les remèdes, en préparant une législation rurale plus parfaite et en formulant les principes d'une économie rurale plus scientifique, leurs maîtres accomplissent évidemment une œuvre d'une haute utilité (1). Sur ce premier point, nous ne rencontrons pas, croyons-nous, de contradicteurs.

Mais voici où la difficulté apparaît. Utiles pour l'élaboration de la science et de l'art agricoles, les Universités sont-elles aussi bien placées pour procéder à l'enseignement de cette science et de cet art et pour en faire passer les lois et les préceptes dans la pratique ? C'est ce qu'on discute et c'est ce qu'il nous faut établir.

(1) M. E. Tisserand, directeur honoraire au Ministère de l'Agriculture, l'affirmait encore, en juin 1900, au Congrès de l'enseignement agricole.

II. — Deux procédés semblent pouvoir être employés pour donner un enseignement agricole dans les Universités.

Le premier, adopté aux Etats-Unis et en Allemagne, consiste à doter celles-ci de véritables Facultés des sciences agricoles (1). Dans ces Facultés on professe, bien entendu, les diverses branches de la science appliquée aux questions rurales : c'est la part des leçons théoriques. Mais celles-ci sont continuées, en outre, par des leçons pratiques données dans des champs de démonstrations et d'expériences qui appartiennent à l'Université aux environs de la ville qui en est le siège. Par ce procédé, l'étudiant peut, à la fois, être initié aux théories les plus neuves et les plus hautes, et être rompu aux détails les plus variés et les plus courants de la pratique.

Nous ne croyons pas, *a priori*, que ce système soit inapplicable en France. Pour l'y acclimater, il n'y aurait pas à faire table rase de ce qui existe déjà chez nous. Il suffirait d'incorporer à nos Universités les Ecoles supérieures d'agriculture que nous possédons. Ne pourrait-on concevoir

(1) Voir une note de M. Kuhn, d'après M. Daniel Zolla, ce qui concerne les Etats-Unis (*Revue internationale de l'enseignement*, 1899).

l'Institut agronomique devenant la Faculté des sciences agricoles de l'Université de Paris, pour l'enseignement théorique, et l'Ecole de Grignon devenant la section de cette Faculté universitaire consacrée à l'enseignement pratique ? Ne pourrait-on, pareillement, concevoir les Ecoles nationales de Montpellier et de Rennes rattachées, comme Facultés des sciences agricoles, aux Universités qui siègent dans ces deux villes, et l'Ecole des industries agricoles de Douai devenant une section de l'Université de Lille ? A coup sûr, cela n'aurait, en principe, que des avantages. Une réforme de ce genre — tout comme celle qui ferait du Muséum d'histoire naturelle ou de l'Ecole des langues orientales, par exemple, la Faculté des sciences naturelles ou la Faculté des langues orientales de l'Université de Paris — ne serait pas seulement profitable à l'Université, qu'elle élargirait dans tous les sens que ce mot comporte, mais encore et principalement à l'établissement qu'elle engloberait dans le corps universitaire, et auquel elle donnerait, par cela même, des garanties de recrutement, des règles méthodiques, des facilités d'extension, des appuis moraux et matériels qui lui font peut-être un peu défaut à l'heure présente.

III. — Seulement, en ces questions, il faut

compter avec autre chose qu'avec la logique et l'intérêt général du pays. Il y a des habitudes prises, il y a des préjugés, il y a des intérêts particuliers qui engendrent une certaine résistance aux réformes. Le personnel de nos Ecoles supérieures d'agriculture — même promît-on de sauvegarder les situations acquises — répugne à cette modification, par la raison qui pousse tous les corps constitués à vouloir avant tout leur « autonomie ». Et le Ministère de l'Agriculture n'est pas sans l'y encourager, par crainte de voir diminuer le nombre des services qui dépendent de lui.

Dans ces conditions, en attendant que les circonstances permettent la réalisation de ce que nous croyons désirable, à savoir l'incorporation aux Universités des Ecoles supérieures d'agriculture, il reste à se demander si, dans l'état actuel des choses, les Universités ne peuvent rien pour les progrès de l'enseignement agricole. Il ne nous paraît pas qu'elles soient, même aujourd'hui, désarmées et condamnées à l'impuissance. Car, en dehors de cette absorption des Ecoles existantes, un second procédé reste à leur disposition, pour contribuer à cette œuvre féconde et éminemment patriotique.

C'est, on l'a deviné, le développement des cours

15.

et des travaux proprement universitaires dans le sens des études agricoles. Nos Facultés des sciences sont ici au premier plan. Déjà nombre d'entre elles possèdent des chaires ou tout au moins des cours de physique, de chimie, de zoologie, de botanique appliquées à l'agriculture. Que ces enseignements se multiplient; que des laboratoires s'y adjoignent ; qu'on accueille, s'il y a lieu, des cours libres, donnés par des spécialistes qui pourront n'être pas munis du diplôme de docteur ; que l'on se préoccupe de diversifier ces leçons, en les adaptant dans chaque Université aux besoins de la région, et l'on aura rendu un grand service à la production nationale, désormais éclairée dans sa marche par les lumières qui viendront de ces sources pures et élevées.

Les Facultés des sciences ne sont pas les seules, d'ailleurs, à pouvoir jouer à cet égard un rôle utile. Les Facultés et Ecoles de médecine des départements pourraient avoir un enseignement de la médecine vétérinaire. Les Facultés de droit devraient posséder toutes le cours de législation et économie rurales qui, depuis 1895, est une des matières à option du doctorat. Même les Facultés des lettres suivraient utilement le mouvement, non pas en expliquant *les Travaux et les Jours* d'Hésiode ou les *Géorgiques* de Virgile, mais en enseignant l'histoire et la géographie économiques, qui sont, pour une grande partie, faites d'histoire et de géographie agricoles. Ainsi, il n'est pas une seule des parties constitutives de l'Université qui ne puisse être appelée à collaborer au mouvement de rénovation que nous souhaitons.

IV. — Nous n'ignorons pas cependant que, pour mener à bien ce mouvement, la bonne volonté des maîtres ne suffit pas. Ne suppose-t-il pas, par exemple, des créations d'emplois, et celles-ci ne nécessitent-elles pas des crédits ?

D'abord, nous croyons devoir déclarer que les sacrifices pécuniaires à opérer ne sont pas, sans doute, aussi considérables qu'on est porté à se l'imaginer. Ce n'est pas toujours et nécessairement par voie de création qu'il faudrait opérer. Beaucoup d'enseignements existent déjà, qu'il suffirait d'orienter dans le sens des applications rurales. D'un cours de botanique générale, par exemple, une leçon par semaine pourrait être distraite, au besoin pendant un semestre seulement, pour être consacrée à la botanique agricole. Nous avons personnellement essayé de faire quelque chose d'analogue, en employant la moitié du cours d'économie politique approfondie dont nous étions chargé à l'Université de Caen, à l'étude des principaux problèmes de l'économie rurale. Sur nombre de points, il pourrait en être ainsi. Même ce qu'il y a de plus dispendieux dans le fonctionnement d'une Université, les recherches de laboratoire, pourrait s'opérer en partie dans ces conditions. Que les fonds alloués à un laboratoire de chimie passent en travaux de chimie agricole, qui donc sera fondé à s'en plaindre, si ces travaux, comme il faut le penser, ont été bien conduits et ont mené à des résultats appréciables ?

Cependant, il est bien clair que les applications rurales ne peuvent faire, dans une Université, négliger les généralités de la science. Nos Facultés ont pour mission de conserver le dépôt des connaissances théoriques et de l'accroître sans cesse. C'est par là qu'à chaque génération l'esprit humain s'élève. Et c'est même la première condition du progrès des techniques et des arts d'application. Il ne faut donc pas que cette orientation nouvelle fasse oublier les directions préexistantes ; il importe que celles-ci se maintiennent à côté de celles-là. Pour cela, il est nécessaire que les innovations souhaitées ne se réalisent pas toutes par voie de transformation, mais que certaines au moins s'opèrent par création proprement dite. Par quelles ressources pourvoir à ces dernières? On ne peut plus guère compter sur l'Etat, qui ne veut rien fonder de nouveau. Mais les Universités n'ont-elles pas maintenant leurs budgets propres? Mais les départements, mais les villes, ne sauraient-ils leur venir en aide? Quand il s'agira d'une œuvre aussi pratiquement utile que celle-là, ne peut-on espérer leur concours? Déjà plusieurs subventionnaient les stations agronomiques établies auprès de certaines Facultés des sciences. Il y a fort à penser que les assemblées locales ne feront que progresser dans cette voie. On peut encore espérer des fondations particulières, ainsi que l'appui pécuniaire des associations locales : grands syndicats agricoles, unions de syndicats, comices et sociétés d'agriculture. On peut surtout compter sur celui des Sociétés d'amis de l'Université, qui se sont formées, dans tous nos centres, avec l'intention de favoriser ce qui, dans notre enseignement, est directement en rapport avec les besoins, économiques aussi bien qu'intellectuels, de la région et du pays. L'homme éminent qui préside la Société des amis de l'Université de Paris (1), nous disait récemment qu'il voudrait la voir réso-

____

(1) M. Casimir-Périer, ancien président de la République.

lument s'engager dans cette voie des encouragements à donner à l'enseignement supérieur des
sciences agricoles. Que ne peut-on donc espérer,
si cela est dit pour une association parisienne,
des groupements existants dans ces milieux provinciaux qui sont plus rapprochés de la vie rurale
et où l'exploitation du sol apparaît à presque tous
comme l'occupation courante et traditionnelle,
comme la source normale de la richesse, de l'influence et du bonheur?

V. — Ce n'est pas tout que d'avoir les fonds
nécessaires pour créer les enseignements agricoles, et les maîtres aptes à les donner, dans les
Universités. Il faut encore trouver pour eux des
élèves. Mais ce n'est pas ici, semble-t-il, qu'on
peut craindre d'en manquer. L'intérêt de ces
études sera forcément ressenti par les jeunes
gens qui viennent de la campagne et par ceux
qui, issus des villes, comprennent que les carrières urbaines sont obstruées et qu'il est plus
aisé de réussir ailleurs. On dira peut-être que les
écoles d'agriculture préparent déjà aux professions rurales. Mais l'expérience prouve que les
diplômés qui en sortent recherchent de préférence les situations officielles : ils demandent à
être professeurs départementaux d'agriculture,
professeurs spéciaux ou d'arrondissement, ou

bien encore fonctionnaires du Ministère de l'agriculture. Ce qu'il faut à la France, ce sont des agriculteurs proprement dits, c'est-à-dire des gens qui pratiquent la culture ou l'élevage, soit pour leur compte, soit comme fermiers ou comme régisseurs du bien d'autrui. Or, à cet égard, la clientèle des Universités est loin d'être à dédaigner. Parmi les étudiants en droit, notamment, il en est beaucoup qui seront les héritiers d'un domaine rural. N'est-il pas bon qu'ils aient entendu parler des choses de l'agriculture à l'Université, qu'on leur ait montré qu'ils doivent s'y intéresser, au lieu de les prendre en dégoût, comme il arrive trop souvent aujourd'hui? Ne leur sera-t-il pas utile d'avoir entendu traiter, dans leur propre Faculté, aux cours de licence consacrés à l'économie politique, au droit civil et au droit administratif, des applications agricoles de ces sciences? et plus tard d'avoir suivi, en vue du doctorat, un cours spécial de législation et d'économie rurales? Ne serait-il pas désirable également qu'ils aient été mis à même de suivre les leçons que la Faculté des sciences consacre parfois, sous une forme accessible à tous, à la météorologie, à l'hydraulique, à la géologie, à la chimie et à la biologie agricoles? Croit-on que, si de semblables cours sont institués, les étudiants ne comprendront pas en assez grand nombre que leur intérêt est de s'y rendre et d'en utiliser les données ?

VI. — A coup sûr, il ne saurait être mauvais qu'ils fussent encouragés officiellement à cette assiduité. S'ils recevaient un diplôme portant sur ces matières, assimilé quant à ses avantages aux autres diplômes universitaires d'ordre élevé, nous n'y verrions pas d'inconvénients. Mais nous savons que le Ministère de l'agriculture fait des objections à cette innovation. Voici pourquoi. Si les jeunes gens qui songent à se tourner vers les études agricoles, pouvaient obtenir dans les Universités un diplôme les dispensant de deux années de service militaire, et équivalant par conséquent à ce point de vue au diplôme actuel de sortie des Ecoles supérieures d'agriculture, celles-ci seraient bien vite désertées pour les Universités, et le Ministère de l'agriculture n'envisage pas sans effroi cette perspective. Remarquons-le : ce raisonnement même plaide en faveur de la solution que nous indiquions tout à l'heure comme ayant toutes nos préférences, l'incorporation des Ecoles d'agriculture aux Universités, dont elles deviendraient les Facultés des sciences agricoles. Car, avec cette solution, il n'y aurait plus à parler de concurrence entre les Ecoles et les Universités, celles-là étant devenues des fractions de celles-ci. Seulement elles échapperaient par là, naturellement, au Ministère de l'agriculture, lequel ne peut s'y résigner. En fait, dans l'état présent des choses, les Ecoles étant maintenues distinctes, les Universités doivent-elles vouloir conférer des diplômes de science agricole ? Nous ne tenons pas outre mesure à ce qu'on accroisse le nombre des diplômes existants. Mais voici ce qui nous semble absolument légitime. C'est d'abord, qu'une part plus grande soit faite aux problèmes ruraux dans les examens universitaires existants, que, par exemple, ces problèmes apparaissent plus souvent dans les interrogations des Facultés de droit, et que la législation et l'économie rurales deviennent matières obligatoires pour le futur doctorat économique. C'est ensuite, que certains de ces examens, ceux pour lesquels une large faculté d'option est laissée aux étudiants, voient leurs programmes combinés de telle sorte que cette option puisse s'exercer au profit des études rurales. Ainsi, le diplôme de licencié ès-sciences (sans épithète) peut aujourd'hui être obtenu par la production de trois certificats, relatifs chacun à une des matières enseignées dans la Faculté. Nous voudrions qu'il pût s'acquérir, par exemple, par l'obtention de certi-

ficats de chimie agricole, de botanique appliquée
à la culture, et de zootechnie. Un pas a été fait,
déjà, dans cette voie, en ce qui concerne la Faculté des sciences de Lyon. Nous nous en félici-
tons, et nous espérons que la Direction de l'enseignement supérieur, sur l'initiative des corps
intéressés, ne manquera pas de faire prendre
bientôt une semblable mesure, si libérale et si
justifiée, au profit de toutes celles des Universités
françaises qui seraient en état d'en bénéficier.

VII. — En résumé donc, aucune des objections de principe qu'on pourrait songer à formu-
leur contre la création des sections d'études agricoles dans les Universités ne paraît décisive.
Sans doute, il reste bien des problèmes à résoudre. Quel serait exactement le programme de
ces sections ? Pourraient-elles admettre des
élèves autres que les étudiants ordinaires des
Facultés (ce à quoi, pour notre part, nous souscri-
rions assez volontiers) ? Dans quelle mesure fe-
raient-elles appel au personnel existant actuellement dans les Facultés ? Par qui seraient-elles
administrées, etc. ? Ce sont là des questions
d'application. L'essentiel serait, à l'heure actuelle,
que le principe fût admis. Nous croyons avoir
montré que l'établissement de sections agricoles
dans nos Universités est possible et désirable. Si

cette vue obtient l'adhésion des services compétents, et si les pouvoirs publics l'admettent, il sera temps ensuite de discuter les moyens les plus propres à assurer le bon fonctionnement de cette institution nouvelle.

La législation et l'économie rurales
dans les Facultés de droit.

Communication faite à la *Société nationale d'agriculture*,
le 23 avril 1902.

La question de l'enseignement des sciences agricoles dans les Universités françaises s'est déjà présentée, il y a quelques mois, devant la Société nationale d'agricultere, à propos d'une communication de M. le doyen Lechartier. Il s'agissait alors des Facultés des sciences, et leurs revendications avaient ému les Ecoles supérieures d'agriculture. Dans l'exposé que je vais avoir l'honneur de faire, il s'agira des Facultés de droit, et les mêmes susceptibilités ne sauraient plus s'éveiller : d'abord, parce que ces dernières Facultés ne songent point à délivrer un diplôme agronomique ; puis, parce que les matières d'intérêt agricole auxquelles elles font une place chaque jour plus large leur appartenaient légitimement de tout temps. Ces matières, ce sont la législation rurale et l'économie rurale. Il est ex-

trêmement désirable que les étudiants en droit
en reçoivent au moins de sérieuses notions, puisqu'un très grand nombre d'entre eux ont des intérêts agricoles et que tous doivent être à même
de suivre la marche de questions d'un intérêt national et actuel si considérable.

Avant 1895, il n'était touché qu'incidemment à
ces matières, dans les cours généraux de droit civil,
de droit administratif et d'économie politique ; aucun enseignement spécial ne leur était consacré.
Mais, cette année-là, un décret vint créer une nouvelle forme du doctorat en droit, le doctorat des
sciences politiques et économiques. Les candidats
qui postulent ce grade doivent être munis de la
licence en droit ; ils ont à subir deux examens et
une thèse. Le premier de leurs examens porte sur
les sciences politiques (droit public général, droit
constitutionnel, droit administratif, droit international public) ; le second, sur les sciences économiques. Dans celui-ci, trois interrogations sont
relatives à l'économie politique, à l'histoire des
doctrines économiques, à la science et à la législation financières. Une quatrième porte, au choix
des candidats, sur l'une ou l'autre des trois matières suivantes : législation et économie rurales ;
législation et économie industrielles ; législation
et économie coloniales. Quant à la thèse, le sujet

en est choisi par le candidat dans l'ensemble des questions d'ordre politique ou d'ordre économique. — En vertu de cette organisation, les Facultés de droit étaient donc invitées à enseigner la législation et l'économie rurales. Mais comme celles-ci ne figuraient au programme de l'examen qu'à titre de matières à option, elles n'y étaient pas obligées. Il suffisait qu'elles enseignassent l'une ou l'autre de ces trois matières à option qui viennent d'être énumérées. Au lendemain du décret, les treize Facultés de droit de l'Etat demandèrent et obtinrent l'institution, chez elles, d'un cours de législation et économie industrielles ; six d'entre elles eurent, en outre, un cours de législation et économie coloniales ; une seule se pourvut immédiatement d'un cours de législation et économie rurales. C'est assez montrer combien cette dernière étude était négligée jusque-là et combien peu on lui attribuait alors d'intérêt scientifique. Mais progressivement les choses se modifièrent, surtout lorsque, deux ans après, une agrégation spéciale fut instituée pour les sciences économiques et vint fournir au corps des Facultés de droit de jeunes maîtres initiés au détail de ces sciences et pénétrés de l'importance des problèmes agraires dans l'économie nationale contemporaine. Sous leur impulsion, les enseignements consacrés à la législation et à l'économie rurales se multiplièrent : l'Etat, les Universités, une ville même consentirent à en fonder ; là où un cours complet ne put être établi, on se contenta provisoirement d'un demi-cours, en associant ces matières à d'autres dans un enseignement préexistant. Aujourd'hui, sur les treize Facultés de droit de l'Etat, quatre seulement, celles de Bordeaux, Montpellier, Dijon et Nancy, n'ont fait, croyons-nous, aucune place à la législation et à l'économie rurales. Dans les neuf autres, la situation est la suivante. La Faculté de Lille est la première qui ait organisé ce cours, et cela dès le lendemain du décret de 1895 ; elle l'a toujours maintenu depuis ; il a été donné successivement par MM. les professeurs Bourguin et Jacquey : c'est un cours rétribué par l'Etat et comportant, comme tous les cours de doctorat dans les Facultés de province, quarante leçons. Par ordre de dates, la Faculté de Toulouse vient la seconde dans cette création ; c'est à la libéralité de la ville qu'elle doit son cours, qui est fait par M. le professeur Despiau. Les Facultés de Caen et de Rennes viennent ensuite. A Caen un cours spécial n'a pas été organisé ; mais, chargé nous-même, à titre d'agrégé et depuis cinq années, du cours général d'économie politique pour le doctorat, nous l'avons divisé en deux séries de vingt leçons chacune, la première consacrée à des études de philosophie économique, la seconde à des problèmes d'économie rurale. A Rennes, un cours spécial de législation et économie rurales a existé pendant une année ; il a ensuite été fondu avec le cours de législation et économie industrielles, et leur ensemble est confié à M. le professeur Charles Bodin. La Faculté de Poitiers, fait assez remarquable, a substitué un cours de législation et économie rurales au cours de législation et économie industrielles qu'elle possédait d'abord ; elle s'y est résolue en s'inspirant du caractère et des besoins de la région où elle est placée ; c'est sur les fonds propres de l'Université qu'est institué cet enseignement, confié d'abord à M. Chéneaux, agrégé, puis à M. Dubois, chargé de cours. A la Faculté de Lyon, pareillement, l'Université fait les frais d'un cours de législation et économie rurales, qui a été successivement aux mains de M. le professeur Souchon et de MM. les agrégés Josserand, Brouilhet, Huvelin. L'Université d'Aix, elle aussi, avait institué cet enseignement, qui fut une année donné par M. Ingelbrecht, chargé de cours ; mais il n'a pas subsisté. A la

Faculté de droit de Grenoble, il a été récemment créé par l'Etat et attribué à M. J. Hitier, professeur-adjoint. La Faculté de Paris, chose singulière, a été l'une des dernières à en comprendre la nécessité ; cela se doit sans doute expliquer par le peu d'occasions qu'on a, dans une grande capitale, de songer à la vie agraire ; quoi qu'il en soit, M. Souchon, appelé à cette Faculté, après avoir professé la législation et l'économie rurales à celle de Lyon, eut l'heureuse idée d'y introduire ces matières, sous la forme d'un cours libre, qui devint ensuite un cours rétribué par l'Université. — Enfin, l'impulsion donnée par les Facultés de l'Etat a été suivie par les Facultés libres. Deux d'entre elles ont créé l'enseignement dont nous parlons, dans une mesure assez restreinte à la vérité. Ce sont les Facultés catholiques de Paris et d'Angers. Il est donné, dans la première, par M. Lepelletier, professeur-suppléant, et, dans la seconde, par le doyen même de la Faculté, M. Gavouyère.

Sur quoi portent exactement ces divers cours ? Presque tous donnent à l'économie rurale une part supérieure à celle qu'ils font à la législation rurale. Cette dernière ne paraît l'emporter que dans la seule Faculté de Lille : M. Jacquey y traite des divers modes d'exploitation du sol,

faire-valoir direct, fermage, métayage, en insis
tant surtout sur les règles juridiques. Partout
ailleurs les préoccupations économiques l'em-
portent ; même généralement on ne traite, parmi
les problèmes de droit rural, que ceux qui peuvent
se présenter comme connexes à des questions
économiques, comme étant eux-mêmes des problèmes de législation économique, en laissant de
côté ceux qui rentrent dans le droit civil ou administratif. Ainsi on expose la législation relative à
l'importation des produits agricoles ou aux sociétés de crédit agricole, mais point celle qui concerne
les servitudes prédiales, les chemins ruraux ou
la police rurale.

Quant à l'économie rurale elle-même, on prend
cette expression, non dans le sens où elle est
synonyme d'agronomie, mais dans celui où elle
constitue une fraction de l'économie politique.
C'est dire qu'on l'envisage, non comme une étude
technique, mais comme une étude sociale. Les
sujets qu'on y fait rentrer sont à peu près les
mêmes dans toutes les Facultés. Seul, l'ordre dans
lequel ils sont présentés varie beaucoup. Nous
nous permettrons d'indiquer ici le plan que nous
suivons dans notre cours de la Faculté de Caen.
Traitant essentiellement de l'économie rurale de
la France, sauf à faire de nombreuses comparai-

sons avec l'étranger, nous divisons cet enseignement en deux parties : nous parlons, dans la première, de l'état de choses présent, et, dans la
seconde, des possibilités d'avenir ; là, de ce qui
est ; ici, de ce qui doit être (1). La première partie comporte les chapitres classiques de l'économie politique : production, circulation, répartition, consommation. Les facteurs de la production sont d'abord envisagés : ce sont le sol, les
forces naturelles, le travail (d'où une étude de la
population agricole), le capital (d'où un examen
de l'outillage agricole). Puis, on assiste à l'action de ces divers facteurs les uns sur les autres :
la mainmise du travail et du capital sur le sol et
les forces naturelles produit la propriété agricole
(collective ou individuelle ; grande, moyenne ou
petite), puis l'exploitation agricole (par faire-valoir, fermage ou métayage ; avec culture extensive ou intensive). Les résultats de cette action
sont les produits agricoles, tant animaux que
végétaux ; leur quantité, leur qualité, leur valeur
sont tour à tour indiquées. Mais cette valeur
elle-même dépend de phénomènes de circulation.

(1) Cette division se rattache, pour nous, à la division
fondamentale de toutes les études sociales en une science
qui examine la réalité, et en un art qui donne les principes de l'action.

Il nous faut donc, dans une nouvelle section, signaler l'entension du marché qui s'est produite pendant le XIXᵉ siècle, la concurrence internationale qui en est résultée, puis la dépression des cours et la crise rurale qui en sont les conséquences. Cela conduit à envisager les phénomènes de répartition ou distribution, qui forment la suite immédiate des précédents : à savoir la baisse des rentes des propriétaires fonciers, la réduction des profits des exploitants, l'arrêt dans la hausse des salaires des journaliers agricoles. Enfin, nous passons aux phénomènes de consommation. Ici nous cherchons à préciser, malgré la pénurie des documents, ce qu'est en France la consommation privée, tant des produits agricoles dans les différents milieux sociaux, que des produits divers dans les milieux agricoles. Et nous traitons aussi de la consommation publique, c'est-à-dire des prélèvements que font l'Etat et les autres personnes publiques sur les revenus ruràux, sous-la forme de contributions de toute nature. Cela fait, la première moitié de notre tâche est achevée ; mais il nous reste la seconde.

Les causes actuelles de dépression de l'agriculture ont été décrites ; il faut maintenant rechercher les sources de son relèvement possible. Après le mal, c'est le remède qu'on doit indiquer.

Trois facteurs principaux nous paraissent pouvoir entrer ici utilement en jeu : la science, l'association et l'Etat. La science, en se répandant dans les milieux ruraux, transforme l'exploitation du sol : l'agriculture s'industrialise tous les jours, dans ses procédés de production et dans ses procédés de vente tout à la fois. L'association, de son côté, peut rendre aux cultivateurs les plus signalés services, sous des formes variées : syndicats, coopératives, sociétés de crédits, assurances mutuelles. L'Etat, enfin, est sollicité d'agir par les différents partis. On lui demande ici de renforcer la protection douanière, d'établir des primes à l'exportation ; là, de modifier son régime monétaire pour rétablir le bimétallisme. Une école le convie à la réforme des lois successorales ; une autre, à l'établissement ou au développement d'une législation sur les accidents agricoles et les retraites agricoles. Tous ces projets peuvent être discutés ; nous exposons les raisons qu'on fait valoir pour et contre eux. Ce qui est moins contesté, c'est que l'Etat a un rôle utile à jouer, pour diffuser l'enseignement agricole et pour encourager les œuvres privées d'intérêt rural. En somme, ces trois facteurs du progrès, science, association, Etat, doivent être utilisés tour à tour, sans appréhension mais sans faveur exclusive

16.

pour aucun d'eux. Et il semble certain qu'une part
considérable reste encore, si large que soit leur
concours, à l'initiative individuelle, à l'effort de
la personnalité active et indépendante, dans tous
les progrès possibles.

Tel est, en bref, l'ensemble des problèmes qui
ont été agités dans notre cours, et aussi plus ou
moins, autant que nous pouvons le savoir, dans les
cours de nos collègues. La Société estimera peut-
être qu'il y aurait intérêt à ce que ces questions
fussent exposées dans toutes les Facultés, et non
plus seulement, comme aujourd'hui, dans les deux
tiers d'entre elles ; à ce qu'on pût partout y consacrer, non pas la moitié d'un cours, mais un
cours entier ; enfin, à ce que celui-ci eût la sanction d'une interrogation, non plus facultative,
mais obligatoire, aux examens de doctorat. Celle-
ci pourrait tout au moins être exigée des candidats à un grade nouveau, qui sera peut-être créé
à brève échéance, le doctorat des sciences économiques. Dans ce dernier, il n'y aura pas de matières politiques, et les matières économiques
pourront recevoir un développement double de
celui qu'elles ont actuellement. Il serait donc tout
à fait rationnel que les questions rurales y fussent
l'objet d'un enseignement complet, qui ne préju-

dicierait aucunement à celui des questions industrielles et des questions coloniales.

La Société appréciera donc s'il lui convient d'émettre un vœu demandant :

« 1° Que l'enseignement de la législation et de l'économie rurales soit introduit dans celles des Facultés de droit où il n'est pas encore donné ;

« 2° Que, dans toutes les Facultés de droit, il lui soit consacré un cours de doctorat complet, de quarante leçons au moins ;

« 3° Que cet enseignement ait comme sanction une interrogation obligatoire, au moins pour les examens du futur doctorat économique (1). »

(1) La Société nationale d'agriculture a, sur le rapport fait par M. Levasseur à la suite de cette communication, adopté à l'unanimité, le 6 mai 1903, un vœu à ce sujet.

La statistique décennale de l'agriculture.

Communication faite à la *Société nationale d'agriculture*,
le 12 février 1902.

M. René Worms. — Il me paraît utile d'appeler
l'attention de la Société sur l'ajournement actuel
de la statistique agricole décennale. Cette statistique, commencée en 1840, s'est faite depuis lors
en 1852 et 1862, puis, interrompue après nos mal-
heurs, a été reprise en 1882 et 1892. Elle a pour
but de donner l'état complet de la France agricole
une fois tous les dix ans. Le travail est préparé
par des sous-commissions communales, puis par
des commissions cantonales. Les résultats can-
tonaux sont centralisés directement et dépouillés
au Ministère de l'agriculture. Le volume et l'atlas
qui les résument forment une œuvre considérable
qui prend forcément plusieurs années pour son
achèvement : les résultats de l'enquête de 1892
n'ont pu paraître qu'en 1897. Il s'y glisse nécessairement un assez grand nombre d'erreurs de
détail, tenant au peu de science des innombrables

personnes auxquelles on a dù faire appel, sur tous les points du territoire, pour réunir les données élémentaires de cette statistique. Néanmoins dans l'ensemble, et grâce peut-être à la compensation des erreurs, les résultats paraissent justes. La publication décennale rend donc les plus réels services à la science et à l'enseignement économiques. Aussi, n'est-ce pas sans quelque émotion qu'on pense la voir disparaître. Si elle devait garder, en effet, sa périodicité accoutumée, l'enquête serait faite en 1902, et il y aurait longtemps déjà que les circulaires préliminaires, portant des instructions pour sa confection, auraient été lancées. Or, rien ne paraît jusqu'ici avoir été fait en ce sens.

En m'informant, j'ai appris que l'intention du Ministère de l'agriculture semblait être de s'en tenir au principe de la statistique annuelle, publiée dans un des fascicules du *Bulletin* du Ministère, laquelle donne, chaque année, le tableau des récoltes, leurs poids et leurs prix, le chiffre des animaux de ferme et de leurs produits, les importations et exportations, l'approvisionnement de Paris, et des indications sur l'Algérie et les pays étrangers. Mais il faut observer que, dans la statistique décennale, il y a quelque chose de plus : c'est la partie qualifiée « économie ru-

·rale » et qui concerne la division du sol (grande, moyenne, petite propriété), les modes d'exploitation (faire valoir, fermage, métayage), la valeur vénale de la terre, le taux des fermages, les salaires des travailleurs agricoles, leur nombre, l'outillage agricole, les améliorations foncières réalisées depuis la dernière enquête. Tout cela, il serait question de ne le publier, désormais, qu'une fois à peine en vingt années. L'administration pense, en effet, que les variations en ces matières, beaucoup plus lentes que celles qui se produisent dans le monde industriel, ne sont pas susceptibles d'atteindre, tous les dix ans, une importance suffisante pour que leur sens et leur valeur se dégagent nettement des imperfections de l'enquête ; elle estime qu'il faut vingt ans au moins pour qu'il se soit dessiné un courant, d'une amplitude telle, qu'il puisse être mesuré avec précision. Peut-être pourrait-on ajouter que les circonstances présentes ne sont point favorables à l'établissement d'une statistique dont les résultats pourraient être attristants, alors qu'on est en droit d'attendre, de l'avenir, des fait plus encourageants. Quelque valeur, néanmoins, que puissent avoir ces raisons, il serait, à coup sûr, regrettable qu'on fût privé de ce précieux moyen d'information, de ce guide autorisé, la statistique décennale, et que sa publication se vît ajourner à une date indéfinie. Nous avons plus que jamais besoin de connaitre, avec précision, l'état agricole du pays, pour apprécier, avec justesse, ce qu'il y a à faire pour l'améliorer. Déjà, dans la séance de la Chambre des députés du 30 janvier dernier, M. le Ministre de l'agriculture a bien voulu dire que toute sa sympathie était acquise à un projet de relevé des surfaces ensemencées. Il importerait aussi que, du sein de la discussion qui va sans doute avoir lieu ici, sortît nettement cette idée que la statistique, nous ne disons pas forcément décennale, mais périodique, de l'économie rurale, ne doit pas non plus être oubliée.

Cette communication a provoqué des observations de MM. Jules Méline, E. Levasseur, A. Viger, E. Tisserand, P. Vincey, après lesquels l'auteur de la communication a repris la parole en ces termes.

M. René Worms. — Je constate que les orateurs qui se sont engagés dans le débat ont été d'accord, quant au point principal de ma communication. La statistique décennale n'exclut pas la confection des moyennes pour les années comprises dans la décade : elle l'appelle au contraire.

Elle n'est pas rendue inutile par la statistique annuelle : tout à l'inverse, elle sert à guider cette dernière. Enfin, on ne peut pas faire tous les ans une enquête générale sur l'économie rurale proprement dite, puisqu'on trouve déjà difficile de la faire tous les dix ans ; c'est dire qu'il faut la maintenir à intervalles périodiques. Ces intervalles doivent-ils être de dix, de quinze ou de vingt ans ? C'est un point qui peut être débattu. Mais ce qui paraît certain, c'est qu'il faut qu'ils soient fixés avec précision, le plus tôt possible, et que la statistique périodique de l'agriculture française ne disparaisse pas.

Les nouveaux procédés de la statistique agricole.

Paroles prononcées à la *Société nationale d'agriculture*,
le 21 janvier 1903.

M. René Worms. — La réforme opérée par le
Ministère de l'agriculture dans l'organisation de
ses statistiques a fait l'objet, ici même, de la part
de M. Gréa, de très vives critiques, auxquelles
M. Sagnier s'est, dans une certaine mesure,
associé. Il y a été répondu par MM. Levasseur,
Viger et Paisant. Je demande la permission de
me joindre à ces derniers.

Qu'a voulu faire le Ministère ? Préciser la statistique agricole. Nous avions antérieurement
une statistique décennale, dressée par des commissions, qui pénétrait assez profondément au
cœur de notre vie rurale, et une statistique
annuelle plus superficielle, pour laquelle on se
contentait des renseignements fournis par les
maires. On a, dans une certaine mesure, unifié
ces deux institutions. La statistique décennale,

dont l'année 1902 devait voir le retour, n'a point
été continuée ; nous l'avons regretté à cette même
place, il y a un an ; tout au plus peut-on espérer
obtenir des statistiques périodiques, tous les vingt
ans, sur des questions spéciales d'économie rurale. En revanche, la statistique annuelle doit être
renforcée. Les commissions communales et cantonales sont reconstituées à son usage. Un registre des cultures est institué, où les faits relatifs à
la production agricole devront être inscrits d'une
manière pour ainsi dire continue. Les premiers
textes officiels relatifs à la réforme supposaient
aussi des déclarations demandées, pour remplir
ce registre, à la généralité des exploitants, et
prévoyaient la possibilité d'une vérification administrative de leurs dires. Les dernières circulaires,
se réduisant à des prétentions plus modestes, ne
parlent plus que de la description d'un certain
nombre d'exploitations typiques, et paraissent
admettre que cette description puisse être faite
par les commissions d'après ce qu'elles connaissent par ouï-dire. En un mot, ce que le Ministère
a souhaité, c'est que la statistique devînt plus
complète et plus exacte à la fois ; c'est que, au
lieu d'être dressée comme auparavant par évaluation plus ou moins arbitraire, elle le fût désormais, dans la mesure du possible, par constata-

tion directe ; c'est, en un mot, qu'on y substituât, chaque fois qu'on le pourrait, aux hypothèses, les faits.

Que vaut une semblable réforme ? Pour la bien juger, il faut distinguer deux points de vue : celui de l'idéal abstrait, celui des possibilités concrètes de réalisation. Au premier point de vue, il n'y a guère de doute qu'elle doive être approuvée, presque sans réserve. Elle apparaît, à cet égard, non seulement comme bonne, mais même comme excellente. Il est incontestable, en effet, que l'œuvre entreprise a un intérêt scientifique capital. Substituer la méthode de constatation à la méthode d'évaluation, c'est le vœu de tous les statisticiens. Il y a plus : à côté de l'intérêt scientifique, cette œuvre présente un intérêt public, législatif, de premier ordre. Les statistiques sont à chaque instant invoquées dans les discussions des projets de loi relatifs à l'agriculture, qu'ils portent sur les droits de douane, les primes, le crédit agricole, les retraites ou tout autre objet. Or, dans ces discussions, on apporte les statistiques les plus contradictoires. Il importe donc grandement que les tableaux officiels soient dressés avec une minutieuse exactitude, pour qu'ils puissent à l'avenir fournir une base inébranlable à tous ces débats parlementaires dont doivent en fin de compte sortir les textes qui régiront les conditions d'exercice de la profession agricole en notre pays.

Pour être menée tout à fait à bien, une statistique agricole générale de la France supposerait un vaste travail préalable à elle-même. On ne peut en effet bien connaître les surfaces emblavées, ni par suite les récoltes, si l'on n'a tout d'abord dressé un relevé exact des propriétés rurales. Il faudrait donc procéder à une réfection complète du cadastre, ou plutôt à la confection de livres fonciers. La Société est suffisamment éclairée par ailleurs sur la portée de ces deux réformes pour qu'il me soit inutile d'y insister. Ce que je veux seulement dire, c'est que, si une semblable œuvre s'accomplissait, elle présenterait deux nouveaux intérêts, à joindre à ceux qui ont été précédemment indiqués : un intérêt fiscal, puisqu'une répartition plus complètement équitable de l'impôt foncier pourrait s'opérer sur les bases nouvelles de ce cadastre refait ; un intérêt juridique, puisque les contrats de vente, de louage, de constitution d'hypothèque seraient singulièrement plus faciles et plus sûrs avec ces livres fonciers. En outre, pour une telle œuvre, la puissance publique ne pourrait hésiter à mettre en jeu tous les moyens dont elle dispose : le concours de tous les agents des divers services publics serait acquis, le droit de demander des déclarations aux particuliers et de les contrôler de toutes les façons serait accordé par la loi ; et il est fort à penser qu'une fois que le cadastre et le livre foncier en auraient profité, la statistique agricole en bénéficierait à son tour. Sans doute, l'œuvre dont nous parlons a quelque chose de gigantesque et elle coûterait des sommes considérables. Notre président M. Cheysson a pourtant montré, à la Commission extraparlementaire du cadastre qui est chargée d'en faire l'avant-projet, qu'elle rencontrerait moins de difficultés et coûterait moins cher qu'on ne le pense ordinairement. En tous cas, il y a sans doute plus de chances de voir le Parlement accorder les crédits si élevés qu'elle nécessiterait, que de le voir allouer ceux, pourtant bien plus modestes, que réclamerait le perfectionnement de la simple statistique de l'agriculture.

Mais nous sommes bien loin d'en être là. Pour le moment, cette grande entreprise semble ajournée à une date indéfinie. Et, quant à la statistique agricole, elle n'a pas de fonds suffisants à sa disposition. Elle ne peut pas non plus réclamer le concours des agents locaux (fonctionnaires de l'administration des finances, gardes champêtres, etc.). Elle ne saurait citer de textes lui per-

17.

mettant de faire valoir ses exigences, notamment en ce qui concerne le contrôle des déclarations faites par les exploitants ; une circulaire ministérielle ne permettrait pas de pénétrer chez eux pour y opérer des vérifications, un décret même n'y suffirait point, il faudrait pour cela une loi. Elle se trouve donc en face de difficultés pratiques extrêmement redoutables. Si par conséquent nous nous plaçons non plus au point de vue de l'idéal abstrait, mais bien à celui des possibilités concrètes, second point de vue que nous avions annoncé tout à l'heure, nous devons reconnaître que l'ambition du Ministère de l'agriculture, tout honorable qu'elle soit, aura grand peine à se satisfaire. Nous sommes en présence d'un état mental fortement enraciné chez le paysan français, fait de défiance à l'égard de toutes les investigations administratives, dans lesquelles le monde rural voit toujours l'annonce de nouvelles exigences fiscales. Comme on n'a pas les moyens suffisants de vaincre cette défiance, il faut compter avec elle et il faut par conséquent ne demander dans l'enquête statistique qu'un minimum de renseignements à un minimum de déclarants. A cet égard, il y aura lieu sans doute de réduire les colonnes du registre des cultures. Il faudra aussi probablement compter moins sur la bonne volonté des exploitants enquêtés que sur celle des commissions locales, et par suite s'attacher surtout à constituer solidement celles-ci, à créer un corps exercé et permanent de correspondants du Ministère de l'agriculture, comme il en existe (ainsi que nous l'a montré la savante étude de M. Levasseur sur les procédés et les résultats de la statistique agricole dans les principaux pays producteurs), en Angleterre, en Allemagne, en Autriche, aux Etats-Unis.

Certes, il n'y a point lieu de désespérer de l'issue de la tentative faite par le Ministère de l'agriculture. Les renseignements que vient de nous donner M. Brandin montrent quels résultats peut atteindre en ces matières l'initiative locale sagacement conduite. En tous cas, dans un corps comme celui-ci, c'est avec sympathie, croyons-nous, que cette tentative officielle doit être accueillie. Nous sommes avant tout, en effet, une société savante, et rien de ce qui touche les progrès d'une science agricole ne saurait nous laisser indifférents. En la circonstance, si nous pouvons nous faire auprès du ministre les interprètes des agriculteurs en lui disant de modérer quelque peu ses exigences et de diminuer le nombre de ses questions, nous devons aussi nous faire auprès des agriculteurs les porte-paroles du ministre et

17..

leur tenir ce langage : « Ne donnez jamais de renseignements inexacts. Même, ne vous abstenez jamais de répondre. Fournissez de bon gré le plus grand nombre possible d'indications correctes et utiles. Cela importe au plus haut point à la bonne administration du pays, c'est-à-dire à la satisfaction de vos intérêts légitimes. »

La sociologie rurale.

Communication faite à la *Société nationale d'agriculture*,
le 5 octobre 1904.

M. René Worms. — J'ai reçu, d'une Université des Etats-Unis, une lettre me demandant de définir le caractère et l'objet de la sociologie rurale. Il me paraît que cette question ne peut être agitée nulle part plus utilement que devant la Société. Pour la résoudre, il faut d'abord définir la sociologie en général. Et, pour bien comprendre la nature de celle-ci, il faut se rappeler l'extension successive qu'ont reçue les études sociales. L'antiquité ne connaissait, sous le nom d'économique, qu'une économie domestique. Celle-ci s'est élargie à l'époque de la Renaissance pour devenir l'économie politique. Au xix° siècle, en mettant cette dernière en rapport avec l'examen des autres phénomènes sociaux, on en a fait l'économie sociale. Aujourd'hui on comprend que tous les phénomènes sociaux ont une égale importance et on les réunit tous, avec

des droits égaux, dans une sociologie générale.
Cette dernière étudie les sociétés dans la totalité
de leur structure et de leur vie. Mais elle peut se
diviser en plusieurs sections, suivant la fraction
des sociétés qu'elle envisage. Quand elle limite
son attention aux milieux agricoles, elle devient
la sociologie rurale. Que comprend donc celle-ci ?

Tout d'abord, elle examine les éléments du
groupe rural. Ces éléments sont de deux ordres :
humains et non humains. Les éléments non humains de la société sont : le sol, avec ses accidents divers ; le sous-sol ; l'atmosphère ; les
espèces minérales, végétales et animales réparties
sur le territoire. Les éléments humains consistent
dans la population, dont il faut étudier le chiffre,
les caractères ethniques, les caractères démiques
(natalité, nuptialité, morbidité, mortalité), les
divisions de tout genre (groupements territoriaux,
professionnels, libres associations, etc.).

Ensuite, elle envisage le fonctionnement du
groupe rural. Celui-ci présente, d'un côté, une
vie économique : appropriation du sol ; son exploitation ; circulation des produits agricoles ; répartition de leur prix ; consommation. Il présente
aussi, d'un autre côté, une vie familiale, morale,
religieuse, intellectuelle, artistique, juridique et

politique. Les phénomènes de ces divers ordres intéressent tous au même titre le sociologue.

Les études de celui-ci peuvent être limitées à un point de l'espace : la monographie d'une commune agricole est, par exemple, de la sociologie rurale aussi bien que la description agricole de tout un pays. Mais elles doivent toujours avoir une certaine extension dans la durée : il n'y a pas de sociologue qui ne fasse l'histoire au moins sommaire des institutions qu'il envisage.

On voit donc en quoi a consisté l'extension des études qui a abouti à la création de la notion de la sociologie rurale. Elle a été exactement parallèle à l'extension des études sociales en général, définie précédemment. L'agronomie n'a été d'abord que l'art de la conduite de la ferme. L'économie rurale s'est ensuite constituée comme une partie (et une des plus importantes) de l'économie politique. Elle s'est enrichie de nouveaux matériaux quand cette dernière est devenue l'économie sociale. Et elle prend aujourd'hui sa place rationnelle au milieu d'autres études, géographiques, démographiques, morales, juridiques, etc., dans l'ensemble que forme la sociologie rurale.

La sociologie rurale n'est d'ailleurs pas la juxtaposition de ces diverses études ; autrement elle ne serait qu'un nom. Elle en est la synthèse, c'est-à-dire qu'elle les met en rapport et les amène à se pénétrer les unes les autres. Elle les laisse subsister chacune de son côté ; mais elle utilise leurs résultats pour les fondre en une unité plus haute. Elle n'a pas de matière qui lui soit exclusivement propre ; mais à toutes ces matières elle donne une forme commune. Son originalité ne consiste point en ce qu'elle découvre de nouveaux domaines, mais en ce qu'elle envisage une multiplicité de domaines déjà reconnus en les embrassant d'une vue plus large.

M. Louis Passy, secrétaire perpétuel de la Société nationale d'agriculture, formule certaines observations et pose quelques questions à l'auteur de l'exposé ci-dessus.

M. René Worms. — Je remercie bien vivement M. le secrétaire perpétuel de me fournir l'occasion de préciser certains points de ma brève commuuication. Il ne me paraît pas douteux que la sociologie doive s'intéresser au milieu dans lequel vit le groupe social, aussi bien qu'à ce groupe lui-même. Comment ce dernier serait-il intelligible sans le premier ? comment le mode et les résultats du travail s'expliqueraient-ils, sans la connaissance de la nature ambiante ? L'économie politique l'a

bien compris, elle qui, dans son étude des facteurs
de la production, place la nature avant le travail
et le capital. La sociologie fait de même ; elle
associe dans ses recherches les éléments non humains et les éléments humains de la société, tout
comme elle y associe la vie matérielle de celle-ci
et sa vie morale (1).

Mais la sociologie se garde bien de prétendre
absorber en elle toutes les recherches relatives à
ces objets si complexes. On lui prête parfois cette
intention, tout à fait à tort. Nul plus que les so-
ciologues ne reconnaît au contraire la nécessité
des sciences particulières dont chacune s'adonne
à l'exploration d'un coin déterminé du domaine
social. C'est par la spécialisation de ces analyses
que la connaissance du détail des faits sociaux
peut progresser. Seulement il importe aussi que
le détail ne fasse jamais perdre de vue l'ensemble.
Il faut donc que les analyses soient suivies de
synthèses. La tâche de la sociologie générale est
d'effectuer ces dernières. Elle est limitée, mais
elle demeure, croyons-nous, intéressante et utile.

(1) Pour le détail de notre conception de la sociologie, nous
nous permettons de renvoyer aux deux premiers volumes
de notre ouvrage sur la *Philosophie des sciences sociales*
(tome I, objet des sciences sociales ; tome II, méthode des
sciences sociales. Paris, Giard et Brière, 1903 et 1904).

TABLE DES MATIÈRES

LE TRAVAIL AGRICOLE

LA CIRCULATION DES RICHESSES ET L'AGRICULTURE

ENSEIGNEMENTS ET RECHERCHES CONCERNANT L'AGRICULTURE